Con sincero [signature]

CRISIS

QUE

TRANSFORMAN

© 2015 GONZALO DOMÍNGUEZ

CRISIS QUE TRANSFORMAN

© 2015 por Oscar Gonzalo Domínguez Pacaluk
ISBN 978-99967707-5-3

www.gonzalodominguez.org

 Gonzalo Dominguez
Ministries

 @ Gonzalo Pacaluk

 Info@**gonzalodominguez.org**

 Gonzalo Dominguez

Impreso en los talleres gráficos Del Reino Impresores S.R.L.
Cerrito 1169, Bernal Oeste, Buenos Aires, Argentina
Marzo de 2015 / Tirada: 2.000 ejemplares

CONTENIDO

DEDICATORIA Y AGRADECIMIENTOS

Dedicado con gratitud a todos aquellos que han atravesado por tiempos de crisis y han sido transformados por ella. A todos los que a pesar de lo duro y difícil que les tocó vivir, decidieron seguir viviendo y sobre todo creyendo en Jesús.

A todos los que están atravesando tiempos difíciles y necesitan un milagro sobrenatural en sus vidas, o simplemente una Palabra que los vivifique y les de la fuerza para seguir adelante.

Honro y agradezco profundamente a mi padre espiritual, Ap. Guillermo Maldonado, quien con su amor y su ejemplo ha sido el hombre de Dios asignado a mi vida para desatar destino y cosas que por años estuvieron detenidas y en las sombras del olvido. Desde el día en que lo conocí, solo lo he visto dar, repartir, sembrar y exponerse por amor ¡Gracias por tu gran ejemplo de vida y por haber visto el propósito de Dios en mi!

Una noche muy oscura, hace cuarenta años atrás, en medio de la peor crisis de su vida, un hombre decidió no quitarse la vida, y decirle ¡sí a Jesús! en una pequeña iglesia de Dolores, Uruguay. Ese era mi padre, Luis Alberto Dominguez, a quien honro y agradezco porque a pesar de las circunstancias y las consecuencias de aquella decisión, siguió adelante creyendole a Cristo en medio de tiempos turbulentos, y hoy puedo decir que tengo el privilegio de tener un padre y un amigo como vos ¡Te amo papá!

Gonzalo Dominguez Pacaluk, Miami, Florida. Agosto de 2014.

PRÓLOGO

Por difícil que parezca, la crisis es un instrumento que Dios usa para intervenir en nuestras vidas, guiándonos a Su voluntad cuando reaccionamos de la manera correcta ante ella.

Ya que la crisis nos toca a todos en algún momento, considero que este libro: "Crisis que Transforman", escrito por mi hijo espiritual, el Pastor Gonzalo Domínguez Pacaluk, de Uruguay, será muy valioso para ayudar y bendecir tanto a líderes como creyentes.

Luego de más de doce años de ministerio en Latinoamérica, el Pastor Gonzalo Domínguez no escribe solo desde el conocimiento mental, sino desde la revelación del Espíritu Santo, el resultado de sus años de buscar de Dios y de servirle a Él y a su pueblo.

Este libro, así como otros que él ha escrito, será una fuente de revelación sobrenatural que Dios usará de manera especial para infundir aliento, esperanza y ánimo así como también para conducir al lector hacia la voluntad de Dios para su vida.

Apóstol Guillermo Maldonado
Miami – Florida

INTRODUCCIÓN

"Despreciado y desechado entre los hombres, varón de dolores, experimentado en quebranto; y como que escondimos de él el rostro, fue menospreciado, y no lo estimamos. Ciertamente llevó él nuestras enfermedades, y sufrió nuestros dolores; y nosotros le tuvimos por azotado, por herido de Dios y abatido. Mas él herido fue por nuestras rebeliones, molido por nuestros pecados; el castigo de nuestra paz fue sobre él, y por su llaga, fuimos nosotros curados". Isaías 53:3-5

Caí sobre mis rodillas la noche en que Jesús me fue revelado como el varón "experimentado en quebranto". Entendí que Jesús es varón "experimentado en crisis", en rechazo, en abuso, en injusticia, en menosprecio, en tragedias, en pérdidas, en angustia, en traición, en abandono, en soledad, y en todo tipo de sufrimientos, no obtuvo su experiencia solo por llevar y atravesar todo esto, sino por su capacidad de restaurar y volver a darle sentido y valor a todos los que un día pasamos por ese proceso llamado "crisis".

No existe circunstancia alguna de tu pasado, tu presente o tu futuro que Jesús no haya experimentado y vivido. Muchas personas se refieren a Dios diciendo o pensando: "Si Dios es tan justo y bueno, ¿por qué permitió esto?" Pero ignoran que Jesús sufrió y experimentó todo el quebranto y el máximo nivel de tormento físico, mental y espiritual que un hombre o una mujer puedan atravesar en esta tierra, al mismo tiempo que experimentó el quebranto, el dolor y la injusticia de todos los hombres y mujeres del pasado, del presente y del futuro; por tanto, nadie podrá comprenderte mejor en tiempos de crisis.

Si se trata de crisis, Jesús tiene la suficiente experiencia y la autoridad que los procesos otorgan, para consolar tu corazón, sanar toda herida y escribir una nueva historia en tu vida y en tus generaciones.

La cruz es recuerdo constante de su amor y la señal más clara, que en tiempos difíciles, no existe nadie más calificado que Jesús, el varón experimentado en quebranto, para hablarle a las crisis y decirles: "Consumado es".

Una crisis es una interrupción de la normalidad, un cambio brusco en el curso de un hecho (1). Es un proceso que altera la estabilidad y expone las fortalezas o debilidades de algo o alguien. Todos los procesos otorgan autoridad. Existen diferentes tipos de crisis, y a lo largo de nuestras vidas nos hemos enfrentado o nos enfrentaremos a casi la mayoría de ellas, más tarde o más temprano. Crisis económicas, espirituales, familiares, morales, sociales, matrimoniales, emocionales, sentimentales, políticas, ministeriales, laborales y de salud.

Las crisis y las armas tienen algo en común: no son objetos buenos, ni malos. Bueno o malo, es quien lo usa. Con un arma alguien puede asesinar a una o varias personas, o cazar, comer y alimentar a su familia. Un arma puede servir para dar o quitar la vida. Lo mismo sucede con las crisis.

Tal vez te preguntes, ¿usted está queriéndome decir que lo que atravesé no fue malo? Eso no es lo que quiero decirte con exactitud. No estoy negando que hayas experimentado fuertes y profundos dolores, ni que tal vez estés atravesando ahora mismo un valle de lágrimas y desesperanza. Lo que quiero decirte es que hoy tienes la oportunidad de dejar de ver solo el lado malo, o encontrar la parte buena de este problema y capitalizar esta crisis para sacar algo bueno de ella. Quienes determinan qué sentido darles y qué provecho quitarles a las crisis, somos nosotros mismos, por medio de las actitudes, la determinación y el enfoque con el que las enfrentamos, según aceptemos o no la ayuda del Creador.

Aquí no están todas las respuestas y es posible que no todas las personas puedan comprender situaciones extremas como pérdidas trágicas, enfermedades dolorosas, o tantas otras vivencias que preferiríamos no atravesar, ni pensar en vivirlas ni compartirlas. Lo que sí encontrarás en estas páginas es una serie de verdades poderosas que no vienen de esta tierra ni de la sabiduría de los hombres, sino del cielo y de la boca del mismo Dios por medio de la revelación y de las experiencias de hombres y mujeres que atravesaron crisis y salieron de ellas transformados. Estas verdades te darán luz sobre cómo Dios puede guiarnos por el camino para cambiar cada crisis en una oportunidad, cada maldición en bendición y salir fortalecidos con una nueva visión y un nuevo horizonte luego de un tiempo difícil.

Sí, este libro llegó a tus manos, es porque posiblemente estés atravesando una o varias dificultades en este momento particular de tu vida, por lo que solo quiero decirte algo: éste es el libro correcto, está en las manos correctas y llegó en el momento correcto ¡porque es tiempo de cambio!

John F. Kennedy dijo en una oportunidad: "Los chinos utilizan un mismo símbolo con dos pinceladas para escribir la palabra crisis: una pincelada define peligro y la otra oportunidad. En medio de una crisis, aléjate del peligro, y reconoce la oportunidad" (2)

Capítulo **Uno**

UNA OPORTUNIDAD LLAMADA CRISIS

Una crisis militar ensombrece a toda una nación. Sus líderes contemplan impotentes las reiteradas amenzas de un enemigo nunca antes visto. Sus palabras no son convencionales, sus armas no son del tamaño habitual y sus amenazas son realmente intimidantes. Las armas y los hombres de este ejército son insignificantes como para pelear contra él. Su futuro y el futuro de sus hijos está en juego, y nadie, absolutamente nadie tiene las agallas suficientes como para enfrentarse a esta amenaza.

Acompáñame a una soleada tarde en el valle de Elah hace tres mil años atrás. Saúl estaba en medio de una de las peores crisis de su reinado por causa de la amenaza de Goliat contra la nación de Israel. En medio de esa crisis, aparece un joven valiente llamado David que con toda fuerza y coraje, decide enfrentar al gigante contra todos los pronósticos y contra todas las posibilidades. Todos conocemos esa parte de la historia y hasta aquí todos pensamos "pero que muchacho tan valiente", pero, ¿te has puesto a pensar qué fue lo que forjó a aquel joven a un hecho que quedó grabado para siempre en la historia de los vivientes?

Una historia no contada

Veamos varios hechos previos, cercanos y lejanos en el tiempo de la vida de David, que nos darán señales claras acerca de cuántas cosas eran en verdad asombrosas y cuántas otras fueron resultado de dolor y sufrimiento tan comunes como los que tú y yo hemos atravesado.

En medio de la preparación para la batalla, Saúl insistió en que David usara su armadura. Esa misma armadura que a Saúl le había traído tantas victorias y tantas conquistas. Para Saúl no había victoria sin armadura ni armadura sin victoria. Esa era su verdad. Una verdad que estaba contaminada por los hechos del pasado. En cambio, la verdad de Dios en David se encontraba en puro estado de fe y de inocencia, y es que en medio de una crisis todas las verdades son probadas, las palabras son probadas y las mentiras son expuestas.

> "En tiempos de crisis, El peor enemigo de la verdad de Dios, Es mi propia verdad."

Esta era la primera batalla de David a nivel "profesional" y no habían experiencias previas que contaminaran "su" verdad. El peor enemigo de la verdad de Dios, es mi propia verdad. Esa verdad contaminada que está formada por un conjunto de ideas preconcebidas y tendenciosas y pensamientos que llevan a conformar una mentalidad, que a su vez, termina conviritiéndose en una fortaleza mental. Entonces, las crisis exponen qué tan equivocados podemos estar en nuestra propia verdad, y qué tan lejos podemos estar de una verdadera relación con Dios y de su verdad.

Crisis: una confrontación de verdades

En medio de la crisis con Goliat, quedó expuesta la "verdad" de Saúl, la "verdad" de Goliat, y la "verdad" del joven David. Te lo explicaré de esta manera: una mujer que de pequeña fue abusada por un hombre, digamos su padre o padrastro, y que con el correr de los años proyecta ese mismo dolor buscando como pareja a otro hombre abusador y golpeador, terminará

> "LAS CRISIS EXPONEN QUÉ TAN EQUIVOCADOS PODEMOS ESTAR EN NUESTRA VERDAD."

diciendo: "todos los hombres son iguales." Su verdad acerca de los hombres ha sido contaminada por los hechos del pasado.

Siendo apenas una niña, mi abuela vivió la traumática experiencia de ver como una antigua cocinilla de campo, explotaba en el rostro de su prima, prendiéndola en fuego y consumiendo su vida en pocos instantes, y todo esto frente a sus ojos. Esos hechos marcaron para siempre su vida y contaminaron una verdad. Desde ese día, creció teniendo temor a que algo pasara y previendo siempre que "algo podía pasar en cualquier momento". Es decir, para ella casi todo era peligroso hasta que se demostrase lo contrario.

Vivió muchos años con miedo y con temor, porque esa "verdad", se conviritió en su verdad. Una persona que haya tenido una mala experiencia en una iglesia, o quizá con algún líder o pastor, posiblemente termine diciendo o pensando: "las iglesias están llenas de gente hipócrita y son todas iguales".

¿Hasta que punto una verdad contaminada por hechos del pasado, está deteniendo tu ahora y el cumplimiento del propósito de Dios en tu vida?

LA VERDAD DE DIOS EN TIEMPOS DE CRISIS

Necesitamos ser bautizados con la verdad de Dios y sumergidos en lo que Dios dice, en lo que Dios quiere y en lo que Dios ha determinado que sea nuestro propósito porque solo la verdad de Dios contiene poder. Ciertas afirmaciones como "yo pienso", "yo creo" o "yo siempre digo", no son otra cosa sino la manifestación real de alguien que está lleno de una verdad parcial, contaminada por hechos y totalmente impura. Esas frases son como la armadura de Saúl. Sin embargo, frente a nuevos desafíos y enemigos como Goliat, la armadura de Saúl resulta inservible. Y es ahí donde una crisis puede ser de gran ayuda para descontaminarnos de nuestras propias verdades, de nuestras propias palabras, y cambiar lo que "yo digo" por lo que Dios dice, Dios hace y Dios puede, y de esta manera yo ser uno con Dios.

"Y conoceréis la verdad y la verdad os hará libres." (Juan 8:32)

Las palabras de David contra Goliat fueron: "Tu vienes a mí con espada, lanza y jabalina, pero yo vengo contra ti en el Nombre del Dios de los escuadrones de Israel", (entiéndase, estoy peleando contra ti desde una verdad superior a tu propia verdad).

"TODA CRISIS TIENE UN LADO DÉBIL POR MÁS FUERTE QUE SEA O APARENTE SER."

Ya la tensión entre los filisteos y el ejército de Israel estaba al límite. Sin embargo, nadie se animaba a enfrentar al gigante. Todos estaban paralizados por el miedo. Estaban literalmente en las manos de Goliat y era el gigante el que cada día tenía la iniciativa. Entre paréntesis, ¿habrá algún Goliat que cada día tiene la inciativa de querer acabarte, destruirte y esclavizarte con pensamientos, pecados, vicios o conductas que quieres evitar, pero sin embargo se repiten día a día? Tal vez esa no sea una crisis ruidosa ni estremecedora, pero sí una crisis silenciosa como un simple goteo, que con el correr de los años, puede quebrar hasta la roca más fuerte. Si la respuesta es sí, te tengo una noticia que no suena tan buena pero es buena. Te lo diré de esta manera: necesitas una crisis que te transforme y modifique ese tablero de derrota y lo cambie por una partida de victoria. Naciste para ser cabeza y no cola, para estar encima y no debajo. Para prestar y no pedir prestado.

OPORTUNIDAD: EL LADO DÉBIL DE LA CRISIS

Donde todos vieron un problema, David vio una oportunidad. Frente a sus ojos tenía la oportunidad de su vida. Y aunque David sabía que sus armas no eran carnales y que con la ayuda de Dios podría derribarlo, había algo más. Nos remitiremos a sus experiencias previas, que en este caso no estaban contaminadas con hechos, sino germinadas con una vida de fe y entrega,   que le dieron la confianza suficiente como para saber que existía un área débil en ese gigante. No existe gigante sin área débil. Aunque parezcan completamente indestructibles, todos, absolutamente todos los gigantes tienen un flanco débil por donde pueden ser derrotados. Toda oposición, fortaleza, atadura, ligadura, situación, circunstancia, sea como sea que se denomine, tiene una debilidad, y aquel que aprendió a sacar lo bueno de entre lo que es aparentemente malo, sabe detectar las debilidades del adversario al que se enfrenta. Toda crisis tiene un lado débil por más fuerte que sea o aparente ser. En el caso de David, primero fue un oso, luego un león. Las victorias en batallas menores, llevarían a este joven a una victoria que cambiaría su vida y la vida de una nación entera para siempre.

Hace muchos años, Dios llevó a un hombre obediente a predicar su palabra en Africa. Una mañana mientras conducía sufrió un terrible accidente y su camioneta volcó quedando completamente destruída. Como consecuencia de esto, perdió una de sus piernas. En medio del dolor y la angustia, decidió que no dejaría de ser fiel a Dios y a su propósito por causa de no tener una pierna. Pasaron los años y cierto día llegó a predicarle a una tribu completamente salvaje.

Los integrantes de esta tribu eran caníbales y decidieron comerse a este hombre blanco cortándolo vivo en trozos. Ya estando atado de pies y manos, mientras toda la tribu estaba reunida alrededor de lo que sería su cena, el encargado de cortarlo con un hacha, alzó su mano y tiró el primer corte, justo sobre la pierna ortopédica. Todos se asombraron de que no salió sangre y de que el hombre no gritó ni se retorció del dolor. Así que pensaron que era un dios, al cual había que temer y no comerse. Eso trajo como consecuencia la conversión absoluta y total de toda la tribu.

RESUMEN DEL CAPÍTULO 1

- El peor enemigo de la verdad de Dios, es mi propia verdad.

- Las crisis exponen cuán equivocados podemos estar en nuestra propia verdad, y cuán lejos podemos estar de una verdadera relación con Dios y de su verdad.

- Una verdad contaminada por hechos del pasado, está deteniendo tu ahora y el cumplimiento del propósito de Dios en tu vida.

- No existe gigante sin área débil. Aunque parezcan completamente indestructibles, todos, absolutamente todos los gigantes tienen un flanco débil por donde pueden ser derrotados.

- Aquel que aprendió a sacar lo bueno de entre lo que en apariencia es malo, sabe detectar las debilidades del adversario al que se enfrenta.

CAPÍTULO DOS

¿DÓNDE ESTABA DIOS?

Las mini crisis son excelentes oportunidades para adquirir entrenamiento y criterio para el manejo correcto de las grandes crisis. Hay personas a las que les ha ido tan bien, que el día que se enfrentan a una mini crisis, como una uña encarnada, o que pierden una liquidación de temporada o les ocupan el lugar que esperaban en el estacionamiento, necesitan la ayuda no de uno, sino de varios profesionales de varias ramas de la ciencia, incluída la oración del pastor. Otros en cambio, ya sufrieron el rechazo y el dolor desde el vientre de sus madres y su vida no fue tan fácil como los primeros. No pierden el sueño facilmente por cosas poco importantes.

UNA VIDA MARCADA POR LA CRISIS

Esta era de alguna manera la situación de David. Su vida estuvo forjada por la crisis. Rechazado por sus hermanos, ignorado por su padre, perseguido por su rey, incomprendido y menospreciado por su esposa, perseguido por su propio hijo. David tiene mucho que enseñarnos sobre crisis.

¿Nunca te has preguntado por qué siendo prácticamente un niño tuvo que pelear contra un oso y un león? ¿No se supone que a esa edad un niño debería haber estado jugando al futbol o yendo a la escuela? ¿Dónde estaba Dios? ¡Casi todos en algún momento nos hemos hecho esa pregunta clave! David era el menor de sus hermanos y hay un hecho en particular que nos sugiere que había algo diferente entre él y sus hermanos que era un secreto... a voces. Cuando Dios decidió acabar con el reinado de Saúl en Israel, envió al profeta Samuel a buscar un sucesor entre los hijos de Isaí. Y oficialmente se reunieron todos los hijos de Isaí, menos uno. Uno que estaba cuidando las ovejas, es decir uno que era, pero no era.

Las costumbres de la época y la forma en que consideraron a unos dignos y a otro indigno de estar frente al profeta, nos sugieren que David, ese David del que tanto se ha escrito, no era otra cosa sino un ... bastardo. No era parte oficial de la familia. Era ese "hermano" que hubieran preferido no tener. Era esa parte de la historia familiar que incomodaba y era preferible esconder.

"He aquí, en maldad he sido formado, y en pecado me concibió mi madre." (Salmo 51:5)

TRANSFORMADOS POR EL DOLOR

Posiblemente hijo de una sierva, no sabemos la historia de su madre, pero sí sabemos del rechazo de sus hermanos y de la incómoda situación en la que le tocó crecer. Creció como muchos han crecido en esta vida: siendo y no siendo; estando y no estando; teniendo y no teniendo. Peleando quizás contra

> "EL RECHAZO Y LA SOLEDAD HICIERON DE DAVID UN GRAN ADORADOR."

osos y leones cuando debían estar aprendiendo las primeras

letras del abecedario, o tal vez teniendo que oír gritos discusiones por la noche y por el día, cuando lo que correspondía, era dormir en paz y crecer feliz. Otros crecieron experimentando el abuso en cualquiera de sus formas, físico, verbal o sexual de manera sistemática, o con el desprecio de parecerte a este o aquel, o con la comparación de que tus hermanos eran mejores.

Casi todos, de alguna manera, tenemos alguna figura de nuestro pasado, a la cual podemos rápidamente vincular a aquel joven David, peleando contra osos y leones. Pero fueron aquel rechazo y aquella soledad la que hicieron de él un gran adorador. El hecho de no tener un hombro en el cual llorar, hicieron que llorara ante el Dios creador de los cielos diciéndole:

"Jehová es mi luz y mi salvación, ¿de quién temeré?, Jehová es la fortaleza de mi vida, ¿de quién he de atemorizarme?". (Salmo 27:1)

El hecho de no tener una mano que lo abrigara, lo llevó a experimentar y escribir:

"El que habita al abrigo del Altísimo, morará bajo la sombra del omnipotente". (Salmo 91:1)

El hecho de no tener una mesa donde sentarse, ni un hogar del cual sentirse parte, lo llevó a escribir:

"Él hace habitar en familia a los desamparados". (Salmo 68:6b)

A estas alturas es difícil creer que esas palabras fueron una simple expresión poética. Todo lo que David escribió, vino de una experiencia íntima y de una relación profunda con Dios en medio de momentos difíciles. Pocas personas conocieron el amor, la misericordia y el abrazo de Dios como David. No lo aprendió en una clase de teología ni de exégesis bíblica, sino en el frío de la noche y en el frío del rechazo. Rechazado por sus hermanos, escondido por su padre, perseguido por Saúl, traicionado por su propio hijo Absalón. David tiene mucho para enseñarnos sobre crisis. No siempre lo que hemos considerado algo negativo en nuestras vidas, puede terminar siendo tan negativo al final. Recuerda que cuando el propósito de Dios está sobre alguien, todas las cosas actuarán, ayudarán, colaborarán, convergerán para bien, es decir para transformar las maldiciones en bendiciones.

"Porque a los que aman a Dios, todas las cosas les ayudan para bien conforme a su propósito al cual son llamados". (Romanos 8:28)

COSAS QUE FINALMENTE AYUDARON PARA BIEN

Lo que tú piensas que hubiera sido mejor no vivir o atravesar, fue aquello que terminó haciendo de ti un gran o una gran guerrera, o un gran padre amoroso que decidió no repetir los errores de sus antepasados, o una persona valiente, emprendedora y sin temor que le perdió el miedo a las circunstancias y a los problemas, o un empresario que no se desanima ante las adversidades sino que avanza, conquista y crece.

Si los hermanos de David hubieran estado con David, posiblemente no hubiera tenido que lidiar ni con el oso ni con el león. Sin esa infancia difícil, no hubiera existido el joven y temerario pastor de ovejas mata osos y leones, y sin esa formación, Goliat hubiera sido un obstáculo imposible de vencer. Sin un Goliat, nadie lo hubiera conocido, y si nadie lo hubiera conocido, no hubiera sido el rey más amado de Israel, alguien de quién Dios mismo tomó uno de sus nombres, la raíz de David. La escaces te puede transformar en alguien creativo. El dolor te puede transformar en alguien sensible hacia los demás. Haber pasado enfermedades y estar con vida te puede llevar a ser alguien que valora y ama las cosas más simples. Haber tenido un mal padre, o la ausencia de uno, te puede llevar a ser el padre que no tuviste tu, pero tus hijos hoy sí pueden tener. Un padre que valida, ama, provee y bendice a sus generaciones.

LO QUE DIOS VE EN TIEMPOS DE CRISIS

Siempre miramos las partes malas de las crisis pero no vemos aquello que Dios ve. Las crisis nos llevan en forma directa al propósito y son las llaves perfectas para entrar a hacer la voluntad de Dios. Hoy quiero decirte que no todo fue oscuro y difícil, aunque lleves posiblemente más de la mitad de tu vida pensando que sí. Pídele hoy al Espíritu Santo que te dé una visión más clara y más global de tu vida. Si este libro llegó a tus manos, posiblemente fue por la palabra crisis. Hay capítulos de tu vida que los puedes mantener abiertos con dolor y reproche o los puedes cerrar con gratitud y sabiduría. Se trata de tomar la decisión y luego de tomarla, la gracia de Dios nos ayuda cubriendo la parte que a nosotros nos falta.

"Entrad por sus puertas con acción de gracias y por sus atrios con alabanza." (Salmo 100:4)

La gratitud a Dios te abre las puertas que estaban cerradas, pero por el contrario, la queja y el revivir ese mismo dolor de un pasado al que nunca podrás volver por tus propios medios, solo te mantendrán las puertas, los cielos y las oportunidades cerradas.

Venciendo a los enemigos de la casa

Ya vimos que David, antes de enfrentarse a Goliat, se había enfrentado al oso y al león. Pero también se enfrentó a alguien más. Alguien llamado Eliab, quien era nada más y nada menos que su hermano mayor.

"Y oyéndole hablar Eliab su hermano mayor con aquellos hombres, se encendió en ira contra David y dijo: ¿para qué has venido acá? ¿y a quién has dejado aquellas pocas ovejas en el desierto? Yo conozco tu soberbia y la malicia de tu corazón, que para ver la batalla has venido. David respondió: ¿Qué he hecho yo ahora? ¿No es esto mero hablar? Y apartándose de él ..." (1 Samuel 17:28-30b)

Este era el hermano mayor de David, Eliab. Alguien que se encendió en ira contra él. Siempre que hagas lo que debes hacer, habrá un Eliab que se encenderá en ira contra ti. La actitud de David es sorprendente. No se tiró a llorar, ni se detuvo a sanarse de la ofensa. Actuó con toda normalidad y eso es soprendente, porque lo que vemos es a un joven que sabía lidiar con el abuso verbal. Y alguien que sabe lidiar con el abuso verbal, es alguien que lo ha sufrido una y otra vez, de día y de noche.

> "No podrás enfrentar la ira de un Goliat si primero no enfrentas y administras tu carácter frente a la ira de un Eliab."

Muchas personas se ven obligadas a convivir con las palabras de un Eliab, que te quieren maldecir y te quieren destruir. Sin embargo, la actitud de David fue no contestarle, no devolverle la maldición y se apartó de él. No podrás enfrentar la ira de un Goliat si primero no enfrentas y administras tu carácter frente a la ira de un Eliab. Su hermano le pregunta: ¿para qué has venido acá? ¿Conoces personas a las que les resulta mejor que no estés y no existas, antes de que estés y existas? Aprende esto, tu existencia siempre molestará a Goliat, pero antes molestará a Eliab. Alguien con propósito siempre tiene buenos amigos, pero también buenos enemigos. Y es que necesitamos de ambos. Claro, es más doloroso cuando los enemigos son los que están bajo el mismo techo y son objeto de nuestro cariño, como un progenitor, un cónyuge o alguien a quien amamos.

Otra pregunta interesante: *¿a quién has dejado aquellas pocas ovejas en el desierto?* Es decir, no eran miles, sino unas pocas. Mientras estés en silencio, en soledad y en anonimato estarás en paz con Eliab, porque lo que a Eliab le molesta es que tengas cualquier tipo de protagonismo. El día que dejes tus pocas ovejas para aprovechar bien los mejores años de tu vida, molestarás a Eliab. Eliab piensa que solo él y los que están con él tienen derechos.

El reclamo contra David era "sus pocas ovejas". Y a ti, ¿qué te reclama Eliab?, ¿cuáles son tus pocas ovejas? ¿En que estás ganando o perdiendo los mejores años de tu vida?, ¿en el lugar incorrecto, con las personas incorrectas y haciendo lo incorrecto? Simplemente no naciste para eso. Hay hechos mucho más grandes y mucho más trascendentes que lo que has visto hasta ahora, y está en ti desatarlos y traerlos a la realidad. Hay padres que mientras sus hijos malgastan su vida en los vicios, en el pecado y en la vida fácil de este mundo, no dicen nada. Festejan su borrachera y su descontrol. Sin embargo, el día que uno de sus hijos entrega su corazón y su vida a Jesús, se escandalizan y se avergüenzan, "te lavaron el cerebro", "te están manipulando", "que dirán nuestros amigos y familiares cuando se enteren de esta vergüenza".

No esperes que Eliab se enoje mientras seas intrascendente. El enojo de Eliab se desata cuando la gracia y el favor vienen sobre ti.

"Yo conozco tu soberbia y la malicia de tu corazón." (1 Samuel 17:28)

LIDIANDO CON PERSONAS DIFÍCILES

Tiempo después Dios diría del propio David: "un hombre conforme a mi corazón". Pero Eliab estaba convencido de que conocía la malicia del corazón de David. Una caracterísitca de Eliab es que siempre ve los defectos en los otros pero es completamente ciego e incapaz de ver sus propios defectos. Y pocas cosas son peores que tener que lidiar con una persona que cree que sabe todo sobre ti, cuando en verdad lo que sabe es poco o nada.

Un Eliab se para a tu lado y te dice: "te conozco, sé quien eres, sé como eres". Por ejemplo, una mujer se casa con un hombre. Ella viene de un hogar estable, de un padre que la amó, la validó y la afirmó toda su vida, y al tiempo de haberse casado con este hombre, empieza a experimentar el abuso verbal a través de palabras o frases repetidas varias veces al día, como por ejemplo: "eres una inútil, nadie te quiere, nadie te valora. Todos los que están contigo están por interés. El único que te aprecia en verdad soy yo".

> "PUEDES ELEGIR VIVIR POR LAS MENTIRAS QUE ELIAB CREE Y PIENSA DE TI, O POR LAS PALABRAS QUE HAN SALIDO DE LA BOCA DE DIOS ACERCA DE TU VIDA."

Es posible que esas palabras no tengan mucha repercusión en los primeros tres meses porque ella viene con un trasfondo de identidad fuerte y sabe quién es. Pero luego de años de oír lo mismo de una u otra forma, esa contaminación termina intoxicando una verdad acerca de quién realmente es. Tarde o temprano, la mentira que oigas de día y de noche, se convertirá en verdad a menos que hagas lo que hizo David.

¿QUÉ HACER FRENTE A UN ELIAB?

"...y apartándose de él". (1 Samuel 17:30)

Con esto no te sugiero apartarte literalmente pero puedes apartar tu corazón y tus oídos de las personas que, como Eliab, se levantan para destruir la identidad que Dios te ha dado. Por último, David respondió:

"¿Qué he hecho yo ahora?" (1 Samuel 17:29)

Eliab es especialista en culpar a otros de lo que él es culpable. Las palabras de David nos dan a enteder algo que estaba latente en su vida: siempre era culpado, siempre tenía él la culpa. Por eso dice "ahora". Porque el ser culpado, no era algo nuevo para él. Eliab siempre te va a llevar a sentirte culpable por quién eres, por cómo eres o simplemente por el gusto de hacerlo. Pero, ¡qué bueno que por encima de una persona tóxica como Eliab, hay un Dios que siempre te ha amado incondicionalmente, te acepta más allá de tus errores y tu origen, y no te rechaza bajo ninguna condición! Hoy puedes elegir vivir por las mentiras que Eliab cree y piensa de ti, o por las palabras que han salido de la boca de Dios acerca de tu vida.

"y pelearán contra ti, pero no te vencerán; porque yo estoy contigo, dice Jehová para librarte." (Jeremías 1:19)

RESUMEN DEL CAPÍTULO 2

- Las pequeñas crisis son excelentes oportunidades para adquirir entrenamiento y criterio para el manejo correcto de las grandes crisis.

- Cuando el propósito de Dios está sobre alguien, todas las cosas actuarán, ayudarán, colaborarán, convergerán para bien, es decir para transformar las maldiciones en bendiciones.

- Las crisis nos llevan en forma directa al propósito y son las llaves perfectas para comenzar a hacer la voluntad de Dios.

- La gratitud a Dios te abre las puertas que estaban cerradas, pero por el contrario, la queja y el revivir ese mismo dolor de un pasado al que nunca podrás volver por tus propios medios, solo te mantendrán las puertas, los cielos y las oportunidades cerradas.

- Alguien con propósito siempre tiene buenos amigos, pero también buenos enemigos.

CAPÍTULO TRES

DETERMINACIÓN
VS.
DESÁNIMO

"Yo conozco tu soberbia y la malicia de tu corazón".
(1 Samuel 17:28)

Esas fueron las lapidantes palabras que le regaló su hermano mayor a David. Eliab representa el enemigo interno, mientras que Goliat representa el enemigo externo. El desánimo nunca viene de donde lo esperamos, sino desde donde no lo esperamos. Cuando te determinas a algo, la pregunta no es si Eliab va a venir, sino "cuándo" va a venir. La determinación de David era acabar con Goliat, pero el desánimo se interpuso en su camino. Es posible que en medio algunos momentos de tu vida en los que determinaste cosas importantes, alguien como Eliab haya querido interponerse, porque el peor enemigo de la determinación es el desánimo.

> "EL PEOR ENEMIGO DE LA DETERMINACIÓN ES EL DESÁNIMO."

Tal vez hoy ya no haya un Eliab en tu vida pero sus huellas, sus palabras destructivas y sus maltratos estén muy vivos dentro de ti. La decisión de David no pudo haber sido más sabia ni más oportuna: simplemente se apartó de él. Sea alguien de tu presente o un hecho de tu pasado, hay personas y ciertos paradigmas con los que es mejor no discutir ni argumentar. Su influencia y el peso de sus palabras son demasiado como para oírlos, sabiendo que pueden desviarnos o hacernos caer.

DIFERENTES ENEMIGOS, DIFERENTES ACTITUDES

A Eliab hay que desviarlo y a Goliat hay que enfrentarlo. Hay mucha gente enfrentado a Eliab y evitando a Goliat. Tu verdadero enemigo no es Eliab. Eliab es una piedra que molesta pero no es tu objetivo final. Al fin y al cabo, era su hermano mayor. Lo que tenía que evitar era que tuviera éxito en su misión de desenfocarlo y lo consiguió. Lejos de desviarlo, terminó por motivarlo aún más. Entonces, te preguntarás a estas alturas, ¿qué hacemos con Eliab? Nada más que apartarnos y desoírlo. Necesitamos a Eliab si queremos vencer a Goliat.

> "NECESITAMOS A ELIAB SI QUEREMOS VENCER A GOLIAT."

CRISIS VESTIDAS DE COMPLEJIDAD

"Salió entonces del campamento de los filisteos un paladín, el cual se llamaba Goliat, de Gat, y tenía de altura seis codos y un palmo. Y traía un casco de bronce en su cabeza y llevaba una cota de malla; y era el peso de la cota cinco mil siclos de bronce. Sobre sus piernas traía grebas de bronce, y jabalina de bronce entre sus hombros. El asta de su lanza era como un rodillo de telar, y tenía el hierro de su lanza seiscientos siclos de hierro; e iba su escudero delante de él."
(1 Samuel 17:4-7)

Las crisis cuando son mayores tienen una característica: vienen disfrazadas de complejidad. Pero, es esa misma complejidad la que puede traducirse en oportunidad. Observemos todos los detalles de la armadura de Goliat. Goliat no solo atemorizaba por su tamaño, sino también por su determinación diabólica y su muy bien preparada puesta en escena. El hombre no solo era un guerrero, además era todo un artista. Traía tanto peso que no era posible enfrentarse en las mismas condiciones. Saúl ni ningún otro podrían jamás haber competido con semejante armadura. Era obvio que no sería una armadura la clave de la victoria, pero todos estaban tan enfocados en la armadura, que no veían el lado débil del gigante y ninguna manera de vencerlo.

UNA SOLA OPORTUNIDAD

Toda crisis viene con un vestuario propio y complicado. Sin embargo, la derrota del gigante fue de la manera más simple y sencilla. Impensable, inimaginable para los tecnócratas y estrategas de la época. Y es aquí donde entra el conflicto entre lo que se ve y lo que no se ve. Entre lo que es natural y lo que es sobrenatural. La complejidad viene con el propósito de desenfocarnos. Si David se hubiera enfocado en los datos estadísticos del gigante, jamás hubiéramos recordado su nombre. Hubiera durado lo que dura un parpadeo. No había probabilidades, ni números que favorecieran al joven guerrero. Tal vez no existan números ni estadísticas que te favorezcan a ti. Lo único que había era

> "LAS CRISIS NO SOLO ATEMORIZAN POR SU TAMAÑO, SINO TAMBIÉN POR SU PUESTA EN ESCENA."

una oportunidad, y la oportunidad estaba justamente en la complejidad del enemigo.

"Y acontenció que cuando el filisteo se levantó y echó a andar para ir al encuentro de David, David se dio prisa, y corrió a la línea de batalla contra el filisteo."   (1 Samuel 17:48)

EL LADO DÉBIL DE LA CRISIS

Tanta armadura   hacía que el gigante tuviera dificultades para moverse. Si el filisteo se levantó es porque estaba sentado. Tantos elementos de guerra, lo terminaron volviendo lento y cansado. Tanta aparatosidad, lo terminó volviendo inservible. Puede ser que hoy se presente una crisis frente a ti, vestida de la misma manera que se visitó Goliat.   Recuerda que tantos elementos aparentemente negativos, terminaron favoreciendo la victoria de David. Otro factor de debilidad del gigante era precisamente eso: su tamaño. Que la crisis sea grande y compleja puede terminar obrando a tu favor.

SIMPLEZA EN TIEMPOS DE CRISIS

Las cosas complejas se resuelven con decisiones simples, así como el gigante grande y bravo, fue vencido por alguien rápido y sin peso adicional, y todo esto opera bajo un

> "A VECES LAS CRISIS DESATAN EN NOSOTROS LA CAPACIDAD DE SER CREATIVOS Y DE HACER MUCHO CON POCO."

principio sencillo pero poderoso: la *fe es simple*. Intenta resolver aquello que esté a tu alcance y comienza por lo más simple. No te desenfoques con lo que no puedes. Esa es la parte en la que entra Dios. En el caso de David, lo simple y lo que estaba a su alcance fue armarse de cinco piedras.

La simplicidad del arma de David, pudo más que la complejidad de las armas del gigante. A veces las crisis desatan en nosotros la capacidad de ser creativos y de hacer mucho con poco. Algunas de las naciones más poderosas del mundo como Japón y Alemania, son ejemplos de que a pesar de la destrucción y los horrores de la guerra, usando lo poco que tenían, pero haciendo lo que sí sabían hacer, salieron adelante y llevaron a sus pueblos a mejores tiempos y oportunidades.

OPORTUNIDADES ESCONDIDAS

Los milagros más grandes no se produjeron como consecuencia de complicadas fórmulas ni de cincuenta principios para… sino por un simple y sencillo paso de fe. Mientras más mires el tamaño y la complejidad de la crisis, más demorarás en encontrarle el lado débil, y todo gigante, tiene un área desprotegida. Toda crisis encierra una oportunidad, y la oportunidad está detrás de la apariencia. La oportunidad está detrás de lo que todos miran pero no ven ni enfocan. Para muchos la crisis económica de Argentina en los años 2001 y 2002 fue una experiencia traumática (3). Pero en medio de esa gran crisis, donde los restaurantes caros estaban vacíos, un puñado de emprendedores abría negocios muy simples de comida rápida como pizza y hamburguesas para llevar a la casa a precios bajos y accesibles. Los locales se llenaron de clientes. A los pocos meses cientos de familias tenían su propio negocio y sus buenas ganancias mientras todos lloraban sus pérdidas. La crisis de unos vino a ser la oportunidad de otros.

LAS CRISIS Y EL PODER DE LA REPETICIÓN

No mires la vestimenta ni la armadura en su conjunto, porque puedes quedarte paralizado como estuvo el ejército de Israel durante cuarenta días. No podían ver otra cosa, sino lo que el gigante quería que viesen. Lamentablemente, hoy vivimos en un mundo en donde todos los días se presenta el gigante para repetir una y otra vez aquellas cosas que ya sabemos. Las estadísticas, las malas noticias y el acceso a tanta información, terminan haciendo el mismo efecto que Goliat tuvo sobre Israel. Y es que Goliat amenazó cuarenta días y cuarenta tardes.

Un factor de crisis necesitará recordarse para convertirse en realidad. La crisis entrará a desmoralizarte una y otra vez de la misma manera: usando la repetición. Por ejemplo, una noticia nos dice que los casos de cáncer se triplicaron en los últimos quince años en personas adultas mayores de cuarenta y cinco años. ¿Qué es lo primero que pasa por tu mente justo en este mes que cumpliste cuarenta y cinco años?

ESTRATEGIAS QUE DESMORALIZAN

Lo que el enemigo necesita es desmoralizarte antes, repitiéndote una y otra vez la misma mentira. Abres una página de internet y la noticia dice que las tasas de interés de préstamos hipotecarios subirán hasta un setenta por ciento en los próximos tres años por causa de la crisis, cuando justo estás viendo cómo llegar a fin de mes con tus ingresos. ¿Quién está hablando? ¿Acaso no es la misma estrategia desmoralizadora que usó Goliat contra David? Y es que solo basta con repetir una mentira, una y otra vez, para que tarde o temprano esa mentira se convierta en una realidad.

"La fe viene por el oír, el oír de la palabra de Dios". (Romanos 10:17)

Esto nos indica que nuestro canal de fe o incredulidad está relacionado con lo que oímos y vemos. En resumen, Goliat fue derribado, y todos sabemos que ese fue un momento de inflexión en la vida de David. Sin embargo, antes de Goliat, aquel joven valiente había sido forjado por las crisis familiares, emocionales, económicas y sociales.

RECOMPENSA EN TIEMPO DE CRISIS

La gente que transforma crisis en oportunidades sabe que detrás de cada crisis hay una recompensa. Sabemos que David peleó por amor a su pueblo, pero también era conciente de que seguido a su victoria tendría una recompensa, por eso preguntó:

"¿Qué harán al hombre que venciere a este filisteo y quitare el oprobio de Israel?" (1 Sam. 17:26)

Y la recompensa era generosa. Incluía grandes riquezas por parte del Rey, la exención de impuestos de su casa, y la mano de la hija del Rey. En todas las crisis hay botines. En este caso, la riqueza del Rey nos habla de herencia, la exención de impuestos nos habla de liberación y la mano de la hija del Rey, nos habla de pasar de un nivel de pueblo a un nivel de realeza. De estar entre la multitud, para ser integrante de la casa real. Es pasar de un nivel menor, a un nivel mayor, en un solo día. Era salir de una vida de anonimato y rechazo, para ser el máximo héroe de Israel. Entonces, lo que

> "LAS MEJORES OPORTUNIDADES SE ESCONDEN DETRÁS DE LA DIFICULTAD."

venía a ser un grave peligro para muchos, vino a ser una gran oportunidad para David. No todos los días habría un Goliat. No todos los días habría una oportunidad semejante. Muchas personas pierden sus grandes oportunidades, porque no se dan cuenta que las mejores oportunidades están escondidas detrás de la dificultad. Aquellos que se acobardan en las crisis estarán dispuestos a darle todo aquel que les presente una salida. Por eso, fue fácil para Saúl ofrecer grandes riquezas y aún más, a su propia hija.

OPORTUNIDADES Y OPORTUNISTAS

"Daré tu carne a las aves del cielo, y a las bestias del campo". (1 Samuel 17:44)

En todo tiempo de crisis, aparecerán las aves del cielo y las bestias del campo. A diferencia de los que encuentran oportunidades en tiempos de crisis, hay persona oportunistas. Y son estos oportunistas los que están para servirse de la carne y los huesos y de todo lo que sobre de la batalla.

Goliat siempre es una buena excusa para que los buitres y los depredadores estén cerca. Y es por eso que no se podía volver atrás. Hoy no puedes volver atrás. Tienes que dar ese gran paso de fe, mirar lo que nadie está viendo, moverte donde todos están dormidos y sentados, avanzar sin darle importancia a las aves de rapiña y pelear por tu botín.

Las mismas aves con las que Goliat amenazó a David, fueron las que finalmente comieron su cabeza y el cuerpo de Goliat. Si hay algo que las crisis no saben, es que sus amenazas contra ti, terminarán siendo su sentencia definitiva.

RESUMEN DEL CAPÍTULO TRES

- El peor enemigo de la determinación es el desánimo.

- Las crisis cuando son mayores tienen una característica: vienen disfrazadas de complejidad.

- La complejidad viene con el propósito de desenfocarnos.

- La *fe es simple*. Intenta resolver aquello que esté a tu alcance y comienza por lo más simple. No te desenfoques con lo que no puedes. Esa es la parte en la que actuará Dios con su poder sobrenatural.

- Toda crisis encierra una oportunidad, y la oportunidad está detrás de la apariencia. La oportunidad está detrás de lo que todos miran, pero no ven ni enfocan.

CAPÍTULO **CUATRO**

CRISIS QUE EXPONEN EL CORAZÓN

Las crisis son excelentes oportunidades para exponer lo mejor de nosotros, las capacidades y las fortalezas que estaban escondidas detrás del conformismo, la estabilidad, la comodidad o la tranquilidad. Es en medio de una crisis que descubrimos qué tan lejos podemos llegar, qué tanto podemos soportar, y qué tan fuerte y real es nuestra relación y nuestro pacto con Dios. Las crisis son excelentes conductores de relacionamiento con Dios, y las peores circunstancias, resultan ser las mejores oportunidades para desintoxicarnos de nuestra verdad, que no es otra cosa sino una verdad parcial, contaminada por hechos y vivencias, e influenciada por nuestras experiencias pasadas, buenas o malas.

UN CORAZÓN EXPUESTO

Si ahora mismo te menciono tres palabras: crisis, caos y desgracias, ¿cuál es el primer nombre de un personaje de las escrituras que aparece en tu mente? ¡Exacto! Hablemos de Job, ¿cómo hablar de crisis y problemas y omitir a Job? Pero no nos centraremos en que perdió a sus hijos, su riqueza, su salud, su estabilidad y que fue golpeado en muy poco tiempo por varias tragedias. Sino que más bien, nos situaremos casi al final del relato de Job para ver cómo las crisis pueden cambiar nuestra vida para bien.

"Tú, que querías entablarme juicio a mí, al Todopoderoso, ¿insistes todavía en responder?"   (Job 40:1 Dios habla hoy)

Las crisis desnudan las intenciones del corazón del hombre. A pesar de la apariencia, de la experiencia y de lo que hablemos, solamente un gran sacudón puede exponer lo que verdaderamente somos, pensamos y creemos.

LAS OFENSAS CONTRA DIOS

Muchas personas creen en Dios y hablan de Dios, pero hasta el diablo cree en Dios. El problema no es creer, sino ¿cuál es la intención detrás de lo que creo? ¿Cuál es la parte que creo? ¿Cuál es la parte que no creo? Finalmente, ¿qué es lo que realmente creo? Muchas personas viven creyendo en un Dios vivo, pero lo tienen sentado en permanente estado de juicio como el culpable o ejecutor de todas sus desgracias.

Estoy seguro de que has oído a más de una persona decir palabras como estas: "si Dios existe, ¿por qué me tocó vivir esto?"; "Si es verdad que Dios es bueno, ¿por qué estoy atravesando este grave problema, esta grave pérdida, o esta grave enfermedad?"; "Si Dios es tan bueno, ¿por qué esto, aquello y lo otro?"

Trataré de expresarlo con la delicadeza y el respeto que requiere examinar la conducta de una gran figura de las escrituras como lo fue el Profeta Juan el Bautista. A pesar de que fue el último gran profeta de toda una dispensación, Juan el Bautista terminó sus días dentro de una cárcel, injustamente encerrado y sin condena. Mientras atravesaba su peor crisis, envió a sus discípulos a preguntarle a Jesús si él realmente era el Cristo, o había que esperar a alguien más.

Reflexionemos juntos sobre esto: alguien que nació, creció y vivió cerca de él, su propio primo, el mismo que lo bautizó y lo introdujo en su propósito y que estuvo ahí presente cuando se oyó la voz del Padre validar a Jesús y decir: "este es mi hijo amado", ahora manda a preguntar si realmente él era el Cristo. Y Jesús le responde de la siguiente manera:

"Vayan y cuéntenle a Juan lo que han visto y oído: los ciegos ven, los cojos andan, los que tienen lepra son sanados, los sordos oyen, los muertos resucitan y a los pobres se les anuncian las buenas nuevas. ¡Dichoso el que no tropieza (que no se ofende en la versión NKJV) por causa mía!" (Lucas 7:22-23)

Hasta ahí, Juan había conocido a Jesús, pero no tenía la revelación de quién era Jesucristo y que se trataba del mismo Jesús. Conocía y predicaba muchas verdades, pero sobre el ocaso de su vida, los hechos contaminaban una verdad y esa misma

"HAY MUCHAS PERSONAS ENCERRADAS EN SUS PROPIAS CÁRCELES Y EN SUS PROPIAS VERDADES, CON UN CORAZÓN OFENDIDO CONTRA DIOS POR LO QUE SUCEDIÓ O DEJÓ DE SUCEDER."

contaminación le hacía pensar: ¿Si eres el Cristo, por qué no me quitas de aquí y ya? Hoy hay muchas personas como Juan, encerradas en sus propias cárceles y en sus propias verdades, con un corazón ofendido contra Dios por lo que sucedió o dejó de suceder. Su verdad contaminada, termina siendo su propia cárcel. Por eso Jesús dijo estas palabras:

"Conoceréis la verdad, y la verdad os hará libres."
(Juan 8:32)

UN SONIDO QUE LIBERA

Por el contrario, un gran hombre llamado Pablo, junto con su fiel compañero Silas, también se encontraban en las mismas condiciones. Injustamente encarcelados y sin condena. En lugar de hacer preguntas, comenzaron a lanzar respuestas. La victoria no es victoria hasta que la quitamos del futuro y la ponemos en un presente continuo, es decir la levantamos como una verdad presente. Una buena manera de acelerar la salida de la crisis es transformando nuestras palabras, y el sentido de las mismas, comenzando con algo como esto: cambiar un "¿Por qué Dios no me sana?" por un "Ya Dios me está sanando".

Reemplazemos el "¿Por qué Dios no me libró?" por un "Dios ya me está librando". Esta es una manera sencilla de llamar a la bendición y hacer lo que Dios hace: "Llama las cosas que no son, como si fuesen."

Cuando vives una fe en presente continuo, comienzas a declarar la realidad del cielo, y la realidad del cielo invade la tierra, es decir, se sobrepone abruptamente

"LA ALABANZA HACE QUE TUS PROBLEMAS Y MIS PROBLEMAS QUEDEN AISLADOS POR MEDIO DE UN PODER MAYOR".

a las circunstancias y los hechos. "Así en la tierra como en el cielo". Desde el momento que comenzaron a alabar a Dios, no dijeron "Dios nos va a liberar", sino "Dios ya nos ha liberado". En el cielo no hay cadenas, en el cielo no hay cárceles, en el cielo hay libertad. ¡Así en la tierra, como en el cielo! No oraron, no intercedieron, no ayunaron, sino que alabaron porque dieron por descontado que ya estaba "hecho" lo que declaraban. Sabemos que la adoración nos lleva a la intimidad con la persona de Dios, pero la alabanza nos habla de sus obras. ¡Por eso alababan! ¡Estaban invocando el mismo poder que se manifestó en las obras del pasado, ahora en el presente! Es decir, no solo alababan, sino que se hicieron ellos mismos una alabanza. Le hablaban a las fuerzas de las prisiones y de las injusticias, que había una fuerza y un poder mayor que ellas. La alabanza hace que tus problemas y mis problemas queden aislados por medio de un poder mayor. Nada es más efectivo para hablarle a los hechos, que el poder de una boca llena de alabanza.

"Pero a medianoche, orando Pablo y Silas, cantaban himnos a Dios; y los presos los oían." (Hechos 16:25)

Siempre habrá una medianoche en nuestras vidas. No se trata de si habrá o no, sino de cuándo será y qué harás a la medianoche. La medianoche es figura de crisis, de prisiones, de situaciones que si escogiéramos vivirlas jamás las escogeríamos. ¿Hicieron preguntas? ¿Mandaron a buscar a su pastor para quejarse de por qué Dios les estaba haciendo esta injusticia tan grande a ellos, sus siervos? ¡No perdieron el tiempo! La llave de su liberación no estaba en las manos del guardia ni de ningún otro ser humano. La llave de su liberación estaba en sus

> "LA LLAVE DE TU LIBERACIÓN ESTÁ EN TU PROPIA BOCA Y EN LA ACTITUD QUE TOMES".

propias bocas y en la actitud que tomaran. ¡El poder de la vida y de la muerte está en nuestras bocas y aquello que declares en tiempos de crisis o de bonanza, ten por seguro que se cumplirá!

Les daré tres versiones de las Escrituras del mismo versículo, para fundamentar lo que quiero decir:

"La muerte y la vida están en el poder de la lengua. Y el que la ama comerá de sus frutos." (Prov. 18:21)

"Las palabras pueden traer vida o muerte. Habla mucho y comerás todo aquello que has dicho." (Proverbios 18:21) (CEVDCUS06 Contemporánea en Inglés).

"Aquello que dices puede salvar o destruir una vida; por tanto usa bien tus palabras y serás recompensado." (Proverbios 18:21) (NTLH, versión en Portugués).

Esta es la historia real de dos mujeres que en medio de situaciones de crisis, debieron tomar decisiones. Una tomó una mala decisión, y la otra tomó la decisión correcta. Una madre hispana en una ciudad de los Estados Unidos, acorralada por las deudas y los problemas económicos, no tuvo mejor idea que declarar a sus dos hijos enfermos mentales con la complicidad de un médico, para cobrar el dinero de la seguridad social. Sus hijos estaban sanos pero desde el día en que comenzó a llegar el cheque, lentamente comenzaron a demostrar signos reales de desequilibrio mental. Con el paso del tiempo, la salud mental de sus hijos se fue deteriorando hasta que quedaron completamente insanos. Todo aquello que declaramos ¡se cumple!

En cambio, una abuela no se resignó al diagnóstico de muerte cerebral que recibió al nacer su nieta, por causa de habérsele resbalado al médico en el momento en que salió del vientre de su madre. El doctor la recogió del piso, pero debido a los nervios provocados por la primera caída, se le cayó nuevamente. Los hechos decían que viviría en estado vegetativo por el resto de su vida. No había forma posible de que su cerebro pudiera tener alguna actividad. Cuando la niña creció, su abuela en un acto de fe comenzó a colocarle auriculares en sus oídos con alabanza y adoración permanentes durante cinco años y un día, de pronto, comenzaron a ver lágrimas en sus ojos cuando se los quitaban. Otro día, mientras su abuela y sus padres desayunaban, oyeron como un susurro, como una voz que intentaba cantar, y para su sorpresa ¡la niña estaba alabando a Dios!   Hoy en día es una preciosa salmista que canta las maravillas de Dios, que recuperó casi todas sus funciones y sirve a Dios con su talento. ¿Habrá algo imposible para Dios?

Durante una conferencia en Coquimbo, Chile, conocí a Francisco. Francisco es un joven que sufría de problemas cardíacos congénitos. Había perdido a su madre por causa de esta enfermedad y estaba a punto de perder a su hermano por la misma causa. Pero él prefirió creerle a Dios y con las pocas fuerzas que le quedaban se acercó hasta el lugar en donde celebrábamos una noche sobrenatural de milagros. Durante todo aquel servicio estaba pálido, frío débil y apenas podía sostenerse. Los hechos y el diagnóstico médico eran muerte, pero la palabra de Dios era vida. Esos mismos hechos decían que estaba enfermo, pero la verdad de Dios decía que estaba sano. Así que luego de orar por él y declararlo sano, comenzó a sudar, y mientras sudaba la enfermedad comenzó a salir de su cuerpo. Al regresar a su ciudad, experimentó una completa sanidad, y creyó que su hermano también podía ser sano, ¡y lo fue! Hoy es un precioso joven que sirve a Dios, evangeliza en las calles con su testimonio y se prepara para servir a Dios a tiempo completo.

Mi hermano Andrés y yo predicábamos en una conferencia profética también en Chile, cuando en una parte de la enseñanza, Andrés hizo referencia a la mujer del flujo de sangre que tocó el borde del manto de Jesús y fue sana.

Nosotros no sabíamos que en el auditorio estaba sentada una mujer que había venido de una ciudad lejana y que padecía de este grave problema. Usaba pañales y estuvo a punto de no asistir por causa del miedo y la vergüenza que le producía su situación. Tenía miedo de manchar las sábanas y los colchones de sus anfitriones. Sin embargo, cuando escuchó la Palabra, pensó para sí: "cómo me hubiera gustado ser aquella mujer, Señor", y al instante, una corriente de poder caliente comenzó a recorrer su cuerpo, en especial su vientre. Se paró y fue al baño, y para su sorpresa, por primera vez en muchos años, su pañal estaba completamente limpio. ¡Aquella mujer había sido completamente sana y hasta el día de hoy no ha vuelto a tener flujo de sangre. ¿Habrá algo imposible para Dios? ¡Nada es imposible para Dios, tú puedes desechar tu propia verdad contaminada por hechos y creer que todo es posible!

RESUMEN DEL Capítulo cuatro

- Las crisis son excelentes oportunidades para exponer lo mejor y lo peor de nosotros. Las crisis son excelentes conductores de relacionamiento con Dios.

- Las crisis desnudan las intenciones del corazón del hombre. A pesar de la apariencia, de la experiencia y de lo que hablemos, solamente un gran sacudón puede exponer lo que verdaderamente somos, pensamos y creemos.

- La victoria no es victoria hasta que la quitamos del futuro y la ponemos en un presente contínuo, es decir la levantamos como una verdad presente.

- La alabanza hace que tus problemas y mis problemas queden aislados por medio de un poder mayor. Nada es más efectivo para hablarle a los hechos, que el poder de una boca llena de alabanza.

- Siempre habrá una medianoche en nuestras vidas. No se trata de si habrá o no, sino de cuándo será y qué harás en la medianoche.

CAPÍTULO **CINCO**

DOLOR EN
TIEMPOS DE CRISIS

Los años habían pasado y el silencio reinaba en las vidas de esta solitaria pareja de ancianos. Consumidos por la rutina y la monotonía de tantos años de esperar lo inesperado, sabían que habían alcanzado todo lo que alguien humanamente hubiera querido tener... todo menos algo. Les faltaba la alegría de haber visto crecer a sus hijos, de ver correr a sus nietos. Ella ya estaba consciente de esa realidad: moriría sin jamás haber sabido qué se sentía ser madre. Su fuerza, su vigor y su belleza habían desaparecido con el paso de los años. Él, en cambio albergaba una luz de esperanza y por las noches, podía oír las risas de un niño, aunque en realidad allí no había nadie. De día soñaba con los ojos abiertos y se preguntaba a sí mismo, qué cosas habría hecho con sus hijos si hubiera tenido la dicha de ser padre.

AFIRMACIÓN EN TIEMPOS DE CRISIS

Esta es la historia de Abraham. Un hombre que tenía una promesa de la boca del mismo Dios de que sería padre de multitudes y de una nación grande, poderosa e incontable, pero su destino profético no estaba alineado consecuentemente con su nombre. Se llamaba "Abram" (El Padre es exaltado).

Sin embargo, algo sucedió luego de que entró en pacto visible con Dios por medio de la circuncisión. Circuncidarse significaba tener una señal visible del pacto de Dios con él y de él con Dios en su propio cuerpo. Determinaba estar apartado por Dios y al ser específicamente en el área reproductiva del hombre, justamente aplicada en la parte superior del miembro viril, símbolo de su masculinidad, implicaba que ese pacto sería de generación en generación. Que toda semilla que saliera de él sería bendita.

La palabra padre significa "fuente", y la semilla de la vida sale del hombre para reproducirse, multiplicarse y crecer dentro de la mujer. Circuncidarse significaba transitar de la dimensión del decir a la dimensión del hacer y eso en un hombre adulto de edad avanzada, y sin los alivios de la medicina moderna, implicaba dolor. Siempre que determines dejar de caminar en una palabra, para comenzar a vivir en un hecho de esa misma palabra, siempre que abandones el futuro y te traslades al ahora, la carne te va a doler.

TRANSICIONES NECESARIAS

Las transiciones generan dolor. La carne prefiere seguir esperando a que las cosas sucedan por sí mismas en el "tiempo de Dios" con tal de evitar el dolor... pero el dolor de pasar a los hechos, es una parada irremediable y tal cosa como "el tiempo de Dios" no es sino una excusa para no hacer lo que debemos hacer

> "TODAS LAS TRANSICIONES Y TODOS LOS PROCESOS GENERAN DOLOR E INCOMODIDAD."

y desobedecer esperando un tiempo... que nunca llegará. Es una manera "espiritual" de disimular la haraganidad y la incredulidad.

"Llevando en el cuerpo siempre por todas partes la muerte de Jesús, para que también la vida de Jesús se manifieste en nuestra carne mortal. De manera que la muerte actúa en nosotros, y en vosotros la vida."   *(2 Corintios 4:10-12)*

Hay manifestaciones de Dios que nunca van a suceder, si evitas el dolor. El dolor, ese mismo dolor que evitamos, es la llave que abre un nivel mayor de vida, provisión, felcidad y niveles de gloria. No le temas al dolor, no le temas a las crisis. El dolor pasa, las crisis pasan, pero el propósito de Dios permanece para siempre en nosotros, y cuando los hechos terminan su trabajo, la verdad comienza a dar sus frutos.

"Porque esta leve tribulación momentánea produce en nosotros un cada vez más excelente y eterno peso de gloria, no mirando nosotros las cosas que se ven, sino las que no se ven." (2 Corintios 4:18)

SERÁ LO QUE DETERMINAMOS QUE SEA

Detente un momento conmigo para esta revelación poderosa. Unos pocos versículos antes el mismo Apóstol menciona estas palabras: "atribulados en todo, en apuros, perseguidos, derribados y llevando muerte en nuestro cuerpo", pero aún así declara: "esta leve tribulación" ¿¡Leve!? ¿Podemos llamar "leve" al hambre, la vergüenza, la persecusión, la ingratitud, la incomprensión, el dolor y la enfermedad, todos juntos y en el mismo momento? Esto significa que quien le da la dimensión real al problema y a la crisis somos tú y yo con

> "NOSOTROS DIMENSIONAMOS LAS CRISIS CON NUESTRAS PROPIAS PALABRAS Y NUESTRAS ACTITUDES."

nuestras propias palabras y nuestras actitudes. Puedes magnificar el problema o minimizarlo. Puedes hacerle un altar a la maldición o crucificarla como hizo Moisés con la serpiente en Egipto.

Puedes hablar lo que dice el problema y la crisis, o puedes hablar lo que Dios dice sobre el problema o la crisis. Puedes mirar todo desde los lentes del problema, o puedes mirar las cosas objetivamente como Dios las ve y desde donde Dios las ve. La crisis y el problema crecerán tanto como tú mismo le des lugar. Ocuparán el sitio que le invites a ocupar, y las palabras que hables, alimentarán esa crisis y ese problema, o lo desnutrirán hasta acabar con ellos.

Yo entiendo que muchas personas tienen una genuina necesidad de oración y es edificante y bíblico que oremos los unos por los otros. Sin embargo, algunas veces y en algunas personas, ese pedido de oración, esconde un altar a la maldición, y engrandece tanto el problema y la crisis, que en lugar de realmente orar y poner las cosas en su orden y en su lugar, terminan sobredimensionando las cosas y levantándole un altar a la maldición.

NO TE APROPIES DE UNA MALDICIÓN

Hay personas que encubren una verdadera idolatría detrás de una falsa oración. Es hablar de "mi problema" de una manera en que suene espiritual y bonito y todo aquello a lo que le antepongas un "mi o mío", vendrá a ser realmente tuyo. Puedes tener una herida, es normal. Pero no es "tu herida". Desde el momento en que declaras "mi herida", la herida y tu vienen a ser una misma cosa. Con el poder que sale de tu boca, le estás dando legalidad a la maldición. Estás declarándote como una persona herida, en lugar de alguien que tiene una herida circunstancial.

Puedes tener una enfermedad o un diagnóstico, pero no es "tu enfermedad ni tu diagnóstico". Desde el momento en que declaras "mi enfermedad", la enfermedad y tú vienen a ser una misma cosa. Dejas de ser una persona con un problema de enfermedad, para convertirte en un enfermo. Puedes tener una problema de escasez circunstancial. Es perfectamente entendible que en algunas temporadas somos probados en esa área. Pero esa escasez jamás puede convertirse en algo así como "mi escasez".

Desde el momento en que declaras "mi pobreza", la pobreza y tú vienen a ser una misma cosa. Cuando asumes una maldición como propia, terminas celebrando una boda con esa maldición y ella viene a ser tu nueva identidad.

FALSAS IDENTIDADES

Tu verdadera identidad no está en la pobreza, sino en la riqueza aunque hoy estés atravesando por un tiempo de pobreza. Tu identidad no está en la enfermedad, aunque hoy estés atravesando un problema en tu salud. Tu identidad no está en el dolor, aunque hoy estés experimentando un tiempo de desilusión y traición. Todo sufrimiento es circunstancial, pero tu identidad real no tiene que ver con tu situación actual. Eso es completamente temporal.

> "TU IDENTIDAD TIENE QUE VER CON TU ORIGEN, Y TU ORIGEN ESTÁ EN EL CIELO."

Tu identidad tiene que ver con tu origen, y tu origen está en el cielo. Todo lo que verdaderamente eres, tienes y puedes está en el cielo. Tu origen no está en el vientre de tu madre. Tu origen estuvo siempre en el corazón de Dios. Las crisis son una excelente oportunidad para acercarnos a esta revelación. La salida no pasa por negar un determinado problema, pero la solución tampoco es aceptarlo. Negando los problemas, nunca se van a resolver. Negar un problema solo te dará una falsa sensación temporal de escape. Pero el problema tampoco se resuelve asumiendo las maldiciones como propias, porque si lo haces terminarás contrayendo una boda entre el problema y tú. Tú no eres un pájaro herido ni un menesteroso. Eso es lo que la religión quiere que sigas creyendo ¡Tú eres más que vencedor!

"Porque con el corazón se cree para justicia, pero con la boca se confiesa para salvación. Pues la Escritura dice: Todo aquel que en Él creyere, no será avergonzado." (Romanos 10:10-11)

RESUMEN DEL CAPÍTULO CINCO

- Siempre que determines dejar de caminar en una palabra, para comenzar a vivir en un hecho de esa misma palabra, siempre que abandones el futuro y te traslades al ahora, la carne te va a doler.

- Si evitas el dolor, hay manifestaciones de Dios que nunca sucederán.

- Puedes hablar lo que dice el problema y la crisis, o puedes hablar lo que Dios dice sobre el problema y la crisis.

- La crisis y el problema crecerán tanto como tú mismo les des lugar.

- Tu identidad tiene que ver con tu origen, y tu origen está en el cielo. Tu origen no está en el vientre de tu madre. Tu origen estuvo siempre en el corazón de Dios. Las crisis son una excelente oportunidad para acercarnos a esta revelación.

CAPÍTULO **SEIS**

EL PODER DE LA FE
EN TIEMPOS DE CRISIS

Volvamos a la vida del que luego fue llamado "padre de la fe y la confianza": Abrahám. Tarde o temprano lo que está en el vientre tiene que salir a la luz, y los alumbramientos, así como la circuncisión, duelen. Para Abrahám, era pasar de lo profético a lo apostólico. Salir del futuro, y traer el futuro al ahora. Es decir, no solo lo hablaré, sino que también haré y viviré lo que Dios ha hablado.

TRANSICIÓN EN TIEMPOS DIFÍCILES

Hay personas conocidas por lo que dicen, pero por hacer todo lo contrario a éso que dicen, borrando con sus hechos sus propias palabras. Sin embargo, al circuncidarse, Abrahám estaba declarando sobre su propio miembro viril: "esta es la prueba visible de que creo, de que seré padre, de que la palabra de Dios ya se está cumpliendo en mi vida, y que de esta parte de mi cuerpo, saldrá la promesa viva de lo que Dios ha hablado". Dejó de ser un hombre con promesas para convertirse en la promesa caminando, y Dios dijo: "es hora de que cambie tu nombre". Ya no te llamarás "el Padre sea exaltado" sino que te llamarás "padre de multitudes". Hago una transferencia del cielo a la tierra por causa de tu obediencia y tu fidelidad en los momentos de duda y temor.

¿Qué sucedió en el momento de la circuncisión? La obediencia trajo transferencia del Padre del cielo, a un padre de la

> "ABRAHÁM DEJÓ DE SER UN HOMBRE CON PROMESAS PARA CONVERTIRSE EN LA PROMESA CAMINANDO."

tierra, y esa tranferencia trajo una identidad nueva y definitiva. Es decir, ya no solo me llamarás Padre a mí, sino que tú también te llamarás padre. Hoy puedes escoger ser una maldición hablando o una bendición caminando.

LO QUE DIOS DICE QUE ERES

Puedes escoger ser lo que tú quieres ser, lo que el diablo quiere que seas, o lo que Dios ya dijo que eres antes de nacer. Abraham fue llamado "padre", pero aún no era padre. Sin embargo, era necesario que todos le dijeran "padre" porque cuando todos te dicen "padre" cada segundo, cada minuto, cada hora y cada día, créeme, que tarde o temprano serás aquello que te llaman.

"...como está escrito: Te he puesto por padre de muchas gentes delante de Dios, a quien creyó, el cual da vida a los muertos, y llama las cosas que no son, como si fuesen." (Romanos 4:17)

Dios no te llama hoy por la identidad que te dio el mundo, ni los golpes de la vida. Dios no te llama como te llamaban en la escuela cuando se burlaban de ti por tu nombre, tu apellido, tus limitaciones, tu raza, tu creencia o tu apariencia. Tu identidad no está vinculada a un gusano de Jacob como a muchos les encanta creer, o la religión les ha enseñado. Dios te llama como Él decidió llamarte según el propósito original que portas en tu ADN, y si tienes alguna duda de cuál es tu identidad, tiene que ver con esto:

primeramente eres su hijo, su hija, y por tanto, como eres hijo, también eres rey y reina, eres sacerdote, eres linaje real, eres pueblo escogido, eres nación santa, eres su especial tesoro, eres la niña de sus ojos, eres su amigo y amiga, nada te falta, en todo quiere ser tu proveedor, por tanto eres rico, quiere ser tu sanador, por tanto eres sano, es tu abogado cuando caes, por tanto eres justo por medio de Cristo. Papá Dios no te llama débil, por el contrario, te llama fuerte.

PODER EN LA IDENTIDAD

El mayor poder que un hombre y una mujer pueden tener en la tierra es su propia identidad. La identidad es una fuente de poder, y cuando se desdibuja la identidad, se pierde el poder. Por eso, cuando Moisés la preguntó a Dios qué diría si le preguntaban su nombre, Dios le respondió: "Yo soy el que soy".

La serpiente en el huerto sabía que cuando se pierde la identidad, se pierde el poder. Ya el mismo diablo había perdido su propia identidad, y de ser una caja angelical llena de instrumentos musicales que brillaban con toda su luz al adorar, se había convertido en un reptil pegajoso y oportunista. Sin embargo, hasta ahí, Adán seguía siendo Adán, Eva seguía siendo Eva, y Dios seguía siendo "Yo soy el que soy". ¿En qué consistió el trabajo fino y astuto de la serpiente? En poner en duda la Palaba de Dios: "¿Con que Dios os ha dicho?" Dudar de lo que Dios ha dicho, es dudar de lo que Dios es, y dudar de lo que Dios es, es dudar de quien soy yo.

DUDAS PELIGROSAS

Toda tentación comienza con una pregunta, porque la pregunta ejercita la mente para contestar, es decir, el alma y es entonces donde el alma se mueve en forma independiente del espíritu. Todos sabemos que Eva y Adán pecaron, nos consta hasta hoy. Con el correr de los siglos, Satanás no varió mucho su estrategia.

Luego del bautismo de Jesús, la Biblia dice que fue llevado por el Espíritu al desierto. Y estando en el desierto la historia se repitió nuevamente. Se presentó Satanás para tentarlo a que las piedras se convirtieran en pan, a que se tirara desde el templo para que todos lo vieran, y le mostró los reinos de este mundo y la gloria de ellos. Nuevamente la tentación comenzó en la mente y con forma de pregunta: "¿Realemente eres el hijo de Dios?" Aparentemente la tentación tuvo que ver con el cuerpo y la necesidad. Pero la tentación real tuvo que ver con la identidad, y la identidad no estaba en su mente, sino grabada en su espíritu. Sus respuestas no salieron desde su mente, sino desde su ADN de ser el hijo de Dios.

La identidad nos define, nos afirma y nos posiciona hacia algo. Tu mayor victoria en medio de una crisis, estará

> "LA IDENTIDAD NOS DEFINE, NOS AFIRMA Y NOS POSICIONA HACIA ALGO."

determinada por el poder de la identidad. Siempre que Dios quiere hacer algo grande en alguien pequeño, trabaja primero en su identidad, porque el saber quién soy en los momentos difíciles, es determinante para ganar o perder esa batalla. Cuando Jesús dijo: "vosotros oraréis así: Padre nuestro", no se estaba refiriendo a qué tipo de oración hacer, sino desde qué posición hacerla. Muchos se acercan a Dios desde una identidad equivocada; como cristianos, como ministros, o como intercesores, pero nada es más poderoso que acercarse a Dios desde nuestra identidad fundamental: hijos.

"Porque el anhelo ardiente de la creación es aguardar la manifestación de los hijos de Dios." (Romanos 8:19)

Por favor, toma nota de esto: la creación no aguarda la manifestación de los ministros, ni de los sobrinos, ni de los profesionales, ni de los cristianos, sino de los ¡hijos!

UN CAMBIO DE IDENTIDAD

Los días gloriosos de Josué habían pasado y ahora los hijos de Israel habían hecho lo malo ante los ojos de Dios. Como consecuencia de violar el pacto les sobrevino el mal. Madián atacaba sus ciudades, destruía o robaba sus cosechas, devastaba sus ciudades y posiblmente violaba a sus mujeres. El cuadro era terrible. El presente era tenebroso, desesperanzador, cruel y muy duro.

En medio de esta angustiante situación, Dios resuelve intervenir directamente para cambiar el curso de los hechos que el mismo pueblo había tomado por causa del pecado, y pone sus ojos sobre un hombre pequeño, de la familia más pequeña y pobre, de la tribu más pequeña y pobre, y de la nación más avergonzada y humillada. Su nombre era Gedeón.

Cuando el ángel se le apareció, Gedeón estaba sacudiendo el trigo para esconderlo de los madianitas. Lejos de una actitud ofensiva, defensiva y honorable, Gedeón escondía lo poco que había para que el enemigo no lo tomara. No vemos hasta aquí por qué razón Dios escogería a alguien como Gedeón. Pero aquí viene la revelación:

"Derriba el altar que tu padre tiene." (Jueces 6:25)

Y así lo hizo, y luego de eso, dice:

"Aquel día Gedeón fue llamado Jerobaal, esto es: Contienda Baal contra él, por cuanto derribó su altar." (Jueces 6:32)

UN CAMBIO DE ADN

Antes de pelear contra Madián, siempre habrá un Baal contra quien pelear. Madián representa la crisis, los problemas, todo aquello que nos quita la paz, pero el altar a Baal representa una falsa identidad, un falso ADN. Baal es el altar equivocado que necesita ser derribado para levantar un altar verdadero. Baal puede ser tu temor, Baal puede ser la idolatría, Baal puede ser la ansiedad, Baal puede ser las relaciones equivocadas, Baal puede ser las maldiciones heredadas de tus antepasados y sus malas decisiones.

"NO GANARÁS GRANDES GUERRAS, SI PRIMERO NO PELEAS PEQUEÑAS BATALLAS."

Todos peleamos contra el Baal de la casa de nuestros padres. Y antes de vencer a Madián, necesitamos derribar esa falsa identidad que recibimos durante nuestra vida, ese falso ADN.

No ganarás grandes guerras, si primero no peleas pequeñas batallas. Los peores enemigos de Gedeón no eran los de Madián, sino los de su propia casa y sus propios temores. Entonces Dios comenzó a operar un cambio en la identidad de Gedeón.

Ya no serás aquel que esconde del devorador la cosecha para que no se la lleve, porque Dios no nos llamó a estar escondidos ni a estar escondiendo nada, sino que te revelaré quién eres: eres Gedeón, que significa: "destructor", "guerrero poderoso."

LA IDENTIDAD DEL CIELO

Había una gran distancia entre el Gedeón real y el Gedeón que Dios veía. Pero el trabajo de Dios consistió en operar un cambio en su identidad. Destruir los altares y los baales de la casa de su padre, para edificar un altar a Jehová Dios, significa cambiar la identidad de la tierra, por la identidad del cielo. Tener una identidad del cielo, te puede llevar a tener enemigos, aún dentro de tu propia familia y tu propio círculo íntimo. Pero de eso se trata, de dejar de ser quienes ellos piensan que somos, y ser quienes Dios dice que somos, y esto último es quienes realmente somos.

Siempre que hagas lo que Dios te manda a hacer, aquellos que no hacen nada te cuestionarán y se levantarán para pedir tu cabeza. No esperes que traten de entenderte cuando derribes el Baal de la casa de tus padres.

Cuando renuncias a esa falsa identidad, verás con mayor claridad quién es quién en medio de todo. Así fue que cuando Gedeón derribó los altares, sus mismos familiares le cambiaron el nombre. Quedaron perplejos. Lo desconocían. Acababa de nacer el verdadero Gedeón, uno que contiende contra los enemigos del propósito de Dios y los derriba. Todos estaban pendientes de Madián pero no de Baal. Y Madián tenía territorio y autoridad por causa de Baal.

Mi problema y tu problema no es contra el Madián que ataca desde afuera, sino contra el Baal que gobierna desde adentro, y nunca habrá un Madián, si no existe un Baal.

Cuando derribas el Baal de la casa de tu padre, Dios destruye el Madián que te saquea y te roba desde afuera.

LOS FALSOS ALTARES

Derribar los altares de la casa de su padre, trajo como consecuencia un cambio en su identidad y finalmente la victoria de Israel sobre Madián.

"Luego Jerobaal hijo de Joás fue y habitó en su casa y tuvo setenta hijos." (Jueces 8:29 y 30)

Recuerda el primer paso para ser transformados por una crisis, es el conocimiento del poder de la identidad. Si deseas salir de cualquier crisis, presente o futura, lo primero que debes retirar es tu juicio contra Dios. En otras palabras, renuncia al corazón rebelde.

INCREDULIDAD EDUCADA

El diablo ha usado a Dios como la razón del sufrimiento, cuando en verdad es completamente lo contrario, y la religión directa o indirectamente se ha encargado de confirmar este pensamiento a lo largo del tiempo.

Como muchos no tienen poder para sanar, entonces fundaron una teología barata para explicar en diez pasos "por qué Dios no sana". Como por causa del robo a Dios han entrado en maldición y en pobreza, se han encargado de predicar que la "pobreza es una virtud y la riqueza es un mal". La ausencia de poder en las iglesias, terminó siendo útil a la intención de Satanás de mostrar a un Dios malo, incomprensible y ajeno al dolor y al sufrimiento de los seres humanos.

Como en mayor o menor medida, los hombres, muchos de ellos teólogos y grandes pensadores, encasillaron a Dios dentro de su propia "sana doctrina" determinando por ellos mismos, qué puede y qué no puede hacer, lo que se nos terminó vendiendo es un evangelio anémico, ritualista, litúrgico, escapista pero lamentablemente poco efectivo y carente de poder.

El pensamiento conformista y religioso es "Dios me mandó este tumor, bueno, si es su voluntad, lo acepto" y es ahí donde comienza el problema. No puedes negar un problema, pero jamás, jamás, jamás puedes aceptarlo como una realidad, porque todo aquello a lo que te conformas, ¡viene a ser tu realidad! Si dices "no puedo", entonces la impotencia que piensas y declaras viene a ser tu máxima realidad. Si dices "no tengo", entonces la insolvencia que piensas y declaras viene a ser tu máxima realidad, y si dices "tengo esta enfermedad", entonces, la enfermedad viene a ser tu mayor realidad.

Desde el momento en que aceptas una maldición, te haces uno con ella y la maldición se hace una contigo. El día que te dijeron que tal o cual cosa es la voluntad de Dios, solo porque te lo dijeron y te lo enseñaron así, te robaron instantáneamente las ganas de luchar, las fuerzas para salir adelante, en pocas palabras, domesticaron tu fe.

No dejes que ni la religión, ni los religiosos domestiquen tu fe. Mi Biblia dice que "El Reino es de los violentos" y que "nada es imposible para Dios". Razones más que suficientes para que hoy dejes de conformarte y comiences a pelear por lo que te pertenece como un verdadero hijo e hija de Dios.

LAS BUENAS DÁDIVAS DEL PADRE

Soy papá de un hermoso niño de siete años, a quién amo con todo mi corazón. Mucho antes de que naciera, soñé como sería y le pedí a Dios cada detalle de su cuerpo, de su alma y de su espíritu, aún de su personalidad y en señal de pacto con Dios por esa petición, desde aquel entonces tuvo un nombre antes de nacer. Se llamaría Emanuel, y se llama Emanuel. Es una respuesta caminando a una oración y a un propósito del cielo. Como todo niño de esa edad, cuando está en absoluto silencio encerrado en en algún espacio de la casa, de algo tenemos que preocuparnos.

Sin embargo, no me imagino que por sus picardías de niño, o alguna que otra queja de la maestra en la escuela vaya yo a decirle: "Toma un tumor para que aprendas." ¡No! ¡Jamás! ¡Ningún padre que ama hace ni dice eso! Si amamos así a nuestros hijos siendo hombres y mujeres de la tierra, ¿cómo es posible que creas que Dios está detrás de esa maldición que te aqueja o de ese dolor que no deja de perseguirte? Lee atentamente estas palabras de Jesús:

"¿Qué hombre hay de vosotros, que si su hijo le pide pan, le dará una piedra? ¿O si le pide un pescado, le dará una serpiente? Pues si vosotros, siendo malos, sabéis dar buenas dádivas a vuestros hijos, ¿cuánto más vuestro Padre que está en los cielos dará buenas cosas a los que le pidan?" (Mateo 7:9-11)

EL PROPÓSITO DE DIOS EN EL AHORA

La razón va más allá de lo visible y se interna en una dimensión profunda, eterna pero simple a la vez, llamada propósito. Hablaremos de eso más adelante, porque ahora tengo buenas noticias para ti. Renuncia hoy a toda queja contra Dios, porque lejos de verte perdido y en oscuridad, Él quiere revelarse ahora mismo a tu vida como el Salvador, el Cordero de Dios que quita el pecado del mundo.

Todos nosotros somos pecadores y dice la Biblia que el pecado tiene un precio y ese precio es la muerte. Así que Jesús vino, pagó ese precio, canceló esa deuda y nos abrió un camino para reconciliarnos con Dios.

Repite en voz alta estas palabras: "Recibo en mi corazón la salvación de Jesús. Acepto y reconozco que Jesús es el Hijo de Dios, y que solo Él puede salvarme del pecado y la muerte eterna. Hoy me arrepiento de toda palabra necia, de toda queja, de todo reclamo injusto contra Dios, y recibo el amor, la paz y la vida de Jesús."

Quita de tu corazón toda intención de entablar un juicio contra Dios, porque aquí y ahora mismo Él quiere revelarse a tu vida como el sanador del dolor y la enfermedad. No importa el origen de esa enfermedad, no importa el diagnóstico, no importa lo que omitieron o dijeron los médicos, ¡nada es imposible para Dios, por lo que declaro sobre tu vida la sanidad de Jesús y todo espíritu de enfermedad es echado fuera de tu cuerpo ahora!

El poder sobrenatural de Dios está operando en tu mente, en tu cuerpo y en tu corazón. Mientras lees estas palabras, el dolor, la duda, la culpa y la enfermedad son cosa del pasado y la Presencia de Dios y su Palabra revelada en el ahora, se vuelven tu única y verdadera realidad. Renuncia hoy a entablar juicio contra Dios y hazte uno con su Palabra, con su verdad y con lo que Él ha dicho.

RESUMEN DEL CAPÍTULO SEIS

- La obediencia trajo transferencia del Padre del cielo, a un padre de la tierra, y esa transferencia trajo una identidad nueva y definitiva. La obediencia desata transferencia.

- El mayor poder que un hombre y una mujer pueden tener en la tierra es su propia identidad.

- La identidad nos define, nos afirma y nos posiciona hacia algo. Tu mayor victoria en medio de una crisis, estará determinada por el poder de la identidad.

- Tener una identidad del cielo, te puede llevar a tener enemigos, aún dentro de tu propia familia y tu propio círculo íntimo. Pero de eso se trata, de dejar de ser quienes ellos piensan que somos, y ser quienes Dios dice que somos, y esto último es quienes realmente somos.

CAPÍTULO **SIETE**

UNA BUENA CRISIS

Una o varias crisis, sirven para identificar con mayor claridad, quién soy y qué no soy, así como quién no soy, y qué no soy. De la misma manera sirve para identificar quién es Dios y quién es Él para mí. En pocas palabras, nos sirve para sincerarnos, porque las crisis son formativas, son elementos de reencuentro de convicciones y replantean la coherencia. Así lo declaraba el Apóstol Pablo:

"Por ese motivo padezco estos sufrimientos. Pero no me avergüenzo, porque sé en quién he creído, y estoy seguro de que tiene poder para guardar hasta aquel día lo que le he confiado." (1 Tim. 1:12 NVI)

RELACIONES PUESTAS EN LA BALANZA

Otra de las cosas altamente positivas de las crisis, es que en medio de una crisis podré distinguir fácilmente quién está conmigo y quién no. Quién es amigo y quién no lo es.

> "LAS CRISIS SON BUENAS PARA CONOCER Y ESTABLECER MÁS Y MEJORES RELACIONES HUMANAS Y ESPIRITUALES."

Las peores crisis sacan a la luz lo mejor o lo peor de las personas, su lado más virtuoso, o su lado más oscuro. En temporadas de crisis, aparecen personas a las que tal vez jamás antes les hubiéramos prestado atención, pero están ahí. Gente que estaba escondida en las sombras del anonimato sale a la luz para ayudarnos a salir adelante y a recomponernos. Las crisis son buenas para conocer y establecer más y mejores relaciones humanas y espirituales. Muchas veces Dios va a usar a quién menos esperas para darte aquello que más esperas, o a quién de otra manera hubieras descalificado, como la persona calificada para sacarte de allí.

"Acuérdate, pues, de mí cuando tengas ese bien, y te ruego que uses conmigo de misericordia, y hagas mención de mí a Faraón, y me saques de esta casa. Porque fui hurtado de la tierra de los hebreos; y tampoco he hecho aquí por qué me pusiesen en la cárcel." (Génesis 40:14 y 15)

CONEXIONES DIVINAS

El jefe de los coperos que compartió la cárcel de la injusticia con José, fue ese "alguien" para José, y fue quien terminó sirviendo como conexión entre el Faraón y José. Hay personas que dicen muchas cosas y hablan mucho, pero a la hora de la verdad, cuando tienen la oportunidad de accionar, no lo hacen, sino que se quedan de brazos cruzados. Si bien el capítulo cuarenta termina diciendo que el copero se olvidó de José, pasados los años, cuando Faraón tuvo un sueño inquietante, fue el copero el que se acordó de José.

Algunas veces estamos tan centrados en nosotros mismos y en nuestros propios planes y proyectos de vida, que la única y última forma que Dios tiene para llamar nuestra atención, son las crisis.

Las crisis también son situaciones difíciles, en donde podemos hacer crecer nuestra fe y desarrollar nuestro potencial creativo. Las crisis hacen posible que áreas de nuestro intelecto y de nuestro ingenio que están paralizadas, comiencen a caminar y a producir. Fue por medio de una crisis de persecución, que un valiente David, se convertiría, sin saberlo, de ser el menor de los hijos de Isaí a ser uno de los estrategas militares más grandes de todos los tiempos.

Fue por medio de una crisis que José dejó de ser el niño consentido de la túnica, para constituirse en uno de los mejores administradores y economistas de todos los tiempos, primero administrando los bienes de Potifar, luego administrando los recursos de la cárcel, para luego administrar la nación más poderosa de la tierra en aquel entonces y salvar a la humanidad de una extinción masiva a causa del hambre. Las crisis nos quitan de nuestra zona de comodidad y nos sacuden para que demos más y mejor fruto.

Aunque duela, es bueno salir del regazo de Isaí y de Jacob, para ser un David, y para ser un José, mientras estés conforme en tu zona de comodidad, no podrás experimentar el despertar de todos los dones y todo el potencial que Dios puso dentro de ti pero que las circunstancias han ido anulando.

SACUDIMIENTOS QUE EXTRAEN EL ACEITE

Cuando llega la temporada de cosecha de los olivos (4), estos no son arrancados con la mano, sino sacudidos con temblores desde el tronco, una y otra vez. Luego del sacudimiento, caen las olivas maduras y van a la prensa que les quitará el aceite. Esto nos enseña que para extraer lo mejor de nosotros, Dios primero nos sacude, luego nos prensa y todo esto ¡sin pedir permiso! Porque Él no tiene un compromiso con lo que sentimos, sino con su propósito en nosotros. Un tiempo de crisis es un momento muy bueno también para saber realmente qué tengo y que no tengo, y si lo que tengo, realmente es tan importante como creía, o no.

Por ejemplo, ¿qué importa el dinero y las cosas materiales por las que tantas veces nos afanamos, si nos toca vivir una crisis con un hijo o un ser querido enfermo en un hospital? Las crisis son buenas para trazar prioridades y desechar lo que muchas veces consideramos urgente, aunque no es importante.

"Dios, en el principio, creó los cielos y la tierra. La tierra era un caos total, las tinieblas cubrían el abismo, y el Espíritu de Dios iba y venía sobre la superficie de las aguas. Y dijo Dios: "¡Que exista la luz!" Y la luz llegó a existir. Dios consideró que la luz era buena y la separó de las tinieblas. A la luz la llamó "día", y a las tinieblas, "noche". Y vino la noche, y llegó la mañana: ese fue el primer día." (Génesis 1:1-2 NVI)

¿POR QUÉ SUCEDEN LAS CRISIS?

Dios no nos manda una crisis, pero sí permite que ciertas circunstancias tomen su cauce normal, y se desarrollen eventos en los que se vean alterados completamente lo que llamamos nuestro "orden" o nuestra "vida" y todo queda como decimos en Latinoamérica "patas para arriba". Muchas veces consideramos que nuestro orden es el correcto y nos fosilizamos pensando que todo está de maravillas, pero la realidad es otra: Dios quiere moverse en esa área y no lo está pudiendo hacer, ¿por qué? Porque nuestra tierra está desordenada y vacía. En el comienzo el desorden no estaba en las aguas, sino que el caos estaba en la ¡tierra! ¡La misma tierra de la que fuimos hechos! No es el cielo el que está en caos, sino la tierra, es decir: ¡nosotros!

Los problemas no están en el cielo, están en la tierra. En el cielo están las soluciones, aquí y ahora, pero la llave que desata el cielo en la tierra se llama ¡quebrantamiento! Y la crisis, es la mejor amiga del quebrantamiento. En los momentos de mayores crisis, es cuando verdaderamente somos... lo que realmente somos.

ACTITUDES DETERMINANTES EN TIEMPO DE CRISIS

En medio de una crisis, todo hombre o mujer de esta tierra hace una de estas dos cosas: o alza sus ojos a los montes de dónde vendrá su socorro y baja el cielo a la tierra, o simplemente peca despreciando, alegando y murmurando contra Dios. Fue por causa de la murmuración contra Dios, que Dios envió serpientes ardientes que mordían a los hijos de Israel en el desierto. No permitas que en medio de la crisis tu naturaleza humana e incrédula alterque o argumente contra Dios. Los argumentos contra Dios siempre terminan desatando serpientes encendidas y venenosas que muerden y matan. Las palabras tóxicas, atraen a los seres tóxicos. Las intenciones venenosas, atraen a los seres venenosos. ¡Cuidado con lo que digas, pienses o hagas en medio de una crisis!

Una crisis es un tiempo de prueba y examinación para ¡pasar a otro nivel! ¡Pero no a otro nivel del hospital!

> "LAS PALABRAS TÓXICAS, ATRAEN A LOS SERES TÓXICOS.."

Finalmente, la respuesta para los hijos de Israel, estaba nuevamente en ver lo que Dios quería que vieran. ¡Ese monte que no quisieron ver por las buenas, debieron verlo casi al borde de la muerte!

EXPOSICIÓN EN TIEMPOS DE CRISIS

Las crisis sacan a luz lo que está en nuestro corazón, y lo que realmente pensamos. Así como lo malo, llama a lo malo, lo bueno, también llama lo bueno. José fue desterrado y esclavizado porque era un soñador. ¡Eso era todo lo que era! Pero la misma razón que lo metió de lleno en la crisis sería la que años más tarde, no solo lo sacaría de la cárcel, sino que lo haría el segundo hombre más poderoso del planeta; todo por causa de los sueños.

"Porque esta leve tribulación momentánea produce en nosotros un cada vez más excelente y eterno peso de gloria; no mirando nosotros las cosas que se ven, sino las que no se ven; pues las cosas que se ven son temporales, pero las que no se ven son eternas." *(2 Corintios 4:17 – 18)*

Este es el principio: Dios ve más allá. De hecho, ya vio toda la película, desde el comienzo, hasta el final. Hay cosas que nosotros no vemos, porque las miramos desde la tierra, pero cuando miramos todo, desde un todo, y por un todo, con una óptica eterna, solo podemos decir "si todo lo que me tocó vivir, atravesar, sufrir, llorar y pasar, sirvió para llegar hasta aquí… ¡valió la pena!"

CRISIS QUE SACUDEN EL CONFORMISMO

"No os conforméis a este siglo…" *(Romanos 12:2)*

La mentalidad conformista, es el peor enemigo del progreso, del avance, del cambio y del crecimiento. El día en que te conformaste, paraste de crecer y de luchar. Hay empleados que son buenos, hasta que se sienten conformes y cómodos, y cuando están conformes y cómodos ¡pararon de crecer! Aunque tu estómago esté satisfecho, y tus necesidades básicas estén cubiertas ¡nunca te conformes con la hamburguesa que compraste, cuando puedes ser el dueño de una cadena de hamburgueserías!

Gedeón y todo el pueblo de Israel de aquella generación, eran saqueados, porque ¡estaban conformes! Conformes con los usurpadores, conformes con ser siervos, conformes con que se llevaran todo y ¡dejaran un poquito! No dejes de pelear por tu sanidad, porque si te conformas, siempre estarás enfermo, y aún más enfermo.

Una cosa es ser agradecidos con Dios y otra cosa es conformarnos a lo que somos o tenemos. Como padre ¡no me puedo conformar con que mi hijo lea y escriba! Si yo deseo que mi hijo estudie en la universidad y sea una persona de excelencia, y él viene y me dice: "Papá, ya sé las letras y leo, ¡ya no quiero estudiar ni aprender más!", ¿qué hago yo instintivamente como padre? ¡No más viajes, no más juegos y no más privilegios! ¡Para él sería una crisis inimaginable! ¿Cuál sería la consecuencia de la crisis? ¡Seguir viéndolo avanzar y crecer!

El conformismo tiene su origen en la naturaleza caída, adánica y pecaminosa. Identifica hoy las áreas de tu vida en donde has experimentado conformismo, y ¡levántate en el Nombre de Jesús con su fuerza y poder sobrenatural!

PERSECUCIONES NECESARIAS

Los japoneses siempre han gustado del pescado fresco (4). Pero cuanto más adentro del mar pescaban, más demoraban en regresar y el pescado no llegaba fresco, entonces pusieron congeladores. ¡Pero el sabor no era el mismo! Los consumidores podían percibir la diferencia entre el pescado fresco y el congelado, y este último no les gustaba, así que tenían que terminar vendiéndolo más barato. Por esta razón, las compañías instalaron en los barcos tanques para los peces. Podían pescarlos, meterlos en los tanques y mantenerlos vivos hasta llegar a la costa. Pero después de un tiempo los peces dejaban de moverse en el tanque. Estaban vivos, pero aburridos y cansados.

Cuando los peces dejan de moverse por días, pierden el sabor fresco... Entonces, un viejo y sabio pescador tuvo una idea: "¡usemos a los tiburones!" Así que para mantener el sabor fresco de los peces, las compañías pesqueras comenzaron a poner a los peces dentro de los tanques en los botes, ¡pero colocaron también un tiburón pequeño! Claro, el tiburón se come algunos peces, pero los demás llegan bien vivos. ¡Los peces son desafiados! Tienen que nadar durante todo el trayecto dentro del tanque, ¡para mantenerse vivos y frescos!

Removiendo toda parálisis

"Despiértate tú que duermes, levántate de los muertos y te alumbrará Cristo." (Efesios 5:14)

La parálisis existencial es como estar en un estado de sueño o adormecimiento, en donde la persona está, pero no está. Se origina por la falta de luz, por la falta de revelación de la Palabra de Dios, de su propósito, de sus promesas. Mientras estás dormido, la luz no resplandece sobre ti y tu entendimiento está oscurecido. Una mente oscurecida es una mente detenida. Una revelación del ahora, no solo te levantará, sino que te impulsará a un estado mayor que el primero.

> "UNA MENTE OSCURECIDA, ES UNA MENTE DETENIDA."

Existen personas que han pasado sus vidas adormecidos o dormidos a los propósitos de Dios, detenidos bajo falsos paradigmas y argumentos. Otros se durmieron en el camino. "No lo pude hacer porque…" o "no sabes lo que me tocó vivir…".

Alguien paralizado depende de otros para vivir, para comer, para pensar, aún para decidir. Son personas que con el tiempo, los fracasos y las circunstancias perdieron la iniciativa, las ganas de emprender o hacer, los sueños y las esperanzas. No es que no se muevan por completo,

> "LO BUENO DE LAS CUEVAS, ES QUE SON LA ÚLTIMA PARADA ANTES DE VOLVER, Y ¡VOLVER CON FUERZA!"

simplemente alguien los tiene que mover o empujar. A veces es una mamá empujando a un hijo, o un esposo empujando a una esposa, o un hijo empujando a un padre, y gracias a Dios por los que empujan, pero en ciertas oportunidades, los mismos que empujan son los que afirman esa parálisis y la empeoran aún más. Muchos quedaron detenidos en el tiempo, cuando experimentaron una derrota, una traición, una decepción o el sabor amargo de una mala experiencia los llevó a pensar y decir: "nunca más".

SALIENDO DE LA CUEVA DE ADULAM

A lo largo de las escrituras Dios usó a personas que se encontraban en un limbo existencial. Algunos eran grandes guerreros vestidos de derrota. Otros eran poderosos millonarios con ropas de pobreza.

"Yéndose luego David de allí, huyó a la cueva de Adulam; y cuando sus hermanos y toda la casa de su padre lo supieron, vinieron allí a él. Y se juntaron con él todos los afligidos, y todo el que estaba endeudado, y todos los que se hallaban en amargura de espíritu, y fue hecho jefe de ellos; y tuvo consigo como cuatrocientos hombres." (1 Samuel 22:1-2)

Adulam, significa "encierro", "lugar de justicia", "refugio". Cuánta gente hay que en nombre de la justicia se aísla, se separa, se independiza y se encierra. Tarde o temprano, el encierro y la cueva te entumecerán y dejarás de ser uno que habita una cueva, para ser tú mismo una cueva. Una cueva oscura, fría, habitada por animales peligrosos, donde siempre hay un punto de entrada, pero no de salida. ¿Quiénes se juntaron en Adulam? Un grupo de personas que atravesaron crisis, y no supieron cómo lidiar con ellas. Todos venían con dolor y en dolor. Los afligidos endeudados y los amargados. Algunos venían paralizados por lo que les hicieron, otros por lo que perdieron y otros por lo que hicieron pero les salió mal.

Todos tenían algo en común: sus vidas no tenían sentido y fracasaron. Temporalmente eran personas paralizadas y detenidas en el tiempo, con una identidad que no era su verdadera identidad, y detenidos por lo que habían hecho y no por quienes realmente eran. ¡Aún el mismo David estaba en una cueva! Pero lo bueno de las cuevas, es que son la última parada antes de volver, y ¡volver con fuerza! Seguirás siendo un habitante de la cueva hasta que no toques fondo y te rindas al propósito, renuncies a la autosuficiencia, y comiences a mirarte como Dios te ve.

LA RESTAURACIÓN DE LOS "DESCALIFICADOS"

Esta es la gente a la que Dios desea usar: los que perdieron todo y ya no tienen más nada que perder. Los que hicieron todo y ya no tienen nada más que hacer, y los que fueron todo pero ya dejaron de serlo y ahora son nadie. Desde esa condición de muerte, de polvo, de cenizas, ¡Dios te levanta con mano fuerte y poderosa! No por lo que eres, sino por quién eres en Él.

"...somos transformados de gloria en gloria en la misma imagen, como por el Espíritu del Señor."   *(2 Corintios 3:18)*

Así que detrás de esa parálisis se esconde el mejor padre, la mejor esposa, un gran profeta, una gran pastora, un exitoso empresario, un destacado profesional, un gran político, una gran deportista, ¡un gran hijo de Dios!

CRISIS QUE EXPONEN LA VERDADERA CAPACIDAD

Fue en medio de una crisis contra Goliat y los filisteos, que el joven David debutó como un valiente y poderoso guerrero, esto representaba lo que realmente él era.

En medio de una crisis, donde el capataz egipcio golpeaba sádicamente al hebreo, Moisés decubrió que detrás de sus ropas de príncipe egipcio, había un verdadero libertador, y ese ADN de libertad no tardó en manifestarse.

Al salirse del barco en medio de la tormenta, Pedro descubrió que caminar sobre las aguas era posible, años más tarde sería su sombra la que sanara a los enfermos, pasó de ser un discípulo de la barca, a ser un apóstol de lo sobrenatural.

Fue en medio de la dura y violenta cautividad Persa, que Nehemías dejó de ser un copero para convertirse en el reconstructor de la ciudad de Jerusalén. Sin ojos, humillado y ya sin el esplendor de antaño, Sansón tuvo más fuerza que nunca sobre el final de su vida, y destruyó el templo de los filisteos matando a más en un día que a lo largo de toda su vida.

Hay un tremendo potencial dentro de ti que necesita ser desatado cuanto antes por el poder sobrenatural de Dios. En medio de una zona de confort y comodidad, ese potencial está adormecido, y mientras esté adormecido, no sabrás de lo que eres capaz con las manos de Dios puestas en tus manos. Una crisis nos permite saber de qué somos capaces, y hasta dónde podemos llegar. Finalmente las crisis pasan, el potencial es liberado, y tú y yo pasamos a ser lo que Dios ha querido que seamos.

RESUMEN DEL CAPÍTULO SIETE

- Una o varias crisis, sirven para identificar con mayor claridad, quién soy y qué no soy, así como quién no soy, y qué no soy.

- En medio de una crisis podré distinguir fácilmente quién está conmigo y quién no.

- Muchas veces Dios va a usar a quien menos esperas para darte aquello que más esperas, o a quien de otra manera hubieras descalificado, como la persona calificada para sacarte de allí.

- Las crisis también son situaciones difíciles, en donde podemos hacer crecer nuestra fe y desarrollar nuestro potencial creativo. Las crisis hacen posible que áreas de nuestro intelecto y de nuestro ingenio que están paralizadas, comiencen a caminar y a producir.

- El día en que te conformas, paras de crecer y de luchar.

- Una crisis nos permite saber de qué somos capaces, y hasta dónde podemos llegar. Finalmente las crisis pasan, el potencial es liberado, y tú y yo pasamos a ser lo que Dios ha querido que seamos.

CAPÍTULO **OCHO**

DESIERTOS
QUE TRANSFORMAN

El instinto humano ante una crisis es buscar siempre a alguien como culpable. Por eso Adán culpó a Eva y Eva a la serpiente, pero ese episodio también terminó en un reproche hacia el mismo Dios: "la mujer que tú me diste", en otras palabras "tú tuviste la culpa por darme una mujer." ¡Ahora Adán le reprochaba a su creador sus propias bendiciones!

LA MALDICIÓN DE LOS REPROCHES

Un reproche no es otra cosa que una evasión inconsciente de la responsabilidad y un camino fácil para buscar culpables. Juan 11 y la muerte y resurrección de Lázaro nos dan un panorama más claro de cómo los reproches retrasan la respuesta. Esta es una historia llena de reproches. El reproche de María fue: *Te ungí, ¿y ahora mi hermano muere?* El reproche de Marta era: *Te serví, ¿y ahora mi hermano muere?* Y como si todo esto fuera poco, el reproche de Tomás y los discípulos era: *Te servimos, ¿y expondrás nuestras vidas a ser apedreados?* El único que no decía nada era Lázaro, y era porque estaba muerto. En los momentos de crisis, todo el mundo siempre tiene algo que decir. Jesús se enfrentaba a una situación en donde los vivos estaban muy vivos, y el muerto... bien muerto. Lázaro hedía, llevaba tres días muerto. Jesús mismo declaró que quería que la enfermedad sirviera para que Él fuera glorificado, y declaró que no era una enfermedad de muerte.

Cada vez que nos encendemos en la ira de los reproches, le estamos robando a Dios su Gloria y de alguna manera, menospreciamos su poder y lo que ya ha hecho en nosotros. El pensamiento de Jesús de alguna manera era: "me aman, pero aún no me conocen". Por eso, luego de la resurrección, se reveló a sí mismo como "la resurrección y la vida". La persona que mantiene una actitud y un espíritu de reproche tiene estas características: aún no ha experimentado una verdadera libertad ni ha perdonado de manera genuina. Sus mismos reproches actúan como verdugos una y otra vez y sus mismos recuerdos son como cadenas y yugos. La misma Marta que dijo:

"...sé ahora que todo lo que pidas a Dios, Dios te lo dará..."
(Juan 11:22

Es decir, mientras decía que "sabía", también le reprochaba a Jesús su demora. Cuántas veces nosotros decimos algo con nuestra boca, pero lo negamos con nuestro corazón... Y de alguna manera, alguien que reprocha es alguien que vive infeliz, y esa área en donde reprocha, está bajo absolutas tinieblas y oscuridad. Esa es la zona en donde se encuentra atado y cautivo, y en donde necesita recibir ayuda y liberación.

El mayor daño que hace la persona que reprocha, es que una y otra vez se empeña en traer el pasado al presente, generando así un sentimiento y un espíritu de impotencia e inutilidad en la otra persona, formando así un círculo vicioso. El espíritu de reproche te hará sentir culpable de lo mismo toda la vida. Reproche es culpa. Otra característica es que aquel que reprocha una y otra vez revive y desata la misma maldición y el mismo error que hubo en el momento en que sucedieron las cosas. Entonces, ¿qué es un reproche? Es la manifestación del espíritu de error en un nuevo día. Recriminarle a alguien cosas de un pasado que no podemos cambiar. El reproche también es un candado espiritual que impide el avance y la superación de la otra persona. El reproche está basado en nuestros derechos y no en los derechos de Dios. Reprochar es de carnales, perdonar es de espirituales. Es un esquema completamente nocivo y demoníaco. ¡Nunca podrás alcanzar tu destino profético bajo un espíritu de reproche! ¡Hoy Dios quiere romper esas cadenas y desatarte en su perdón, en su misericordia y en su paz! Dice la Palabra de Dios:

> "EL REPROCHE TAMBIÉN ES UN CANDADO ESPIRITUAL QUE IMPIDE EL AVANCE Y LA SUPERACIÓN DE LA OTRA PERSONA."

"Si el hijo os libertare, seréis verdaderamente libres." (Juan 8:36)

LIBERACIÓN VERDADERA

Si existe una liberación verdadera, es porque también existe una liberación falsa. Cuando se trata de perdonar, hay personas que esperan "sentir" para perdonar, otras dicen haber perdonado, pero realmente no olvidaron, otras decidieron continuar "reprochando" y otras simplemente están esperando a que alguien venga y les pida perdón. ¡No dejes que el fracaso del pasado se haga continuo en el presente!

Su promesa en tiempos de dificultad

Desconozco por completo en qué parte de tu vida estás enfrentando una crisis, o en qué área la enfrentaste y las cosas no salieron como debían salir. Estamos en un mundo lleno de problemas y de malas noticias y ningún ser humano está exento de atravesar una crisis. La pregunta no es sí pasaremos o no por una crisis, sino cuándo pasaremos y cómo la pasaremos. La Palabra de Dios declara lo siguiente:

"Aunque ande en valle de sombra de muerte, no temeré mal alguno, porque tú estarás conmigo; Tu vara y tu cayado me infundirán aliento. Aderezas mesa delante de mí en presencia de mis angustiadores; unges mi cabeza con aceite; mi copa está rebosando." (Salmo 23:5)

Los grandes éxitos, son la suma de grandes crisis y pequeñas crisis, atravesadas, bien o mal, pero atravesadas. Una crisis es como atravesar las arenas movedizas de un pantano. Si las arenas te logran detener, te succionarán hasta hundirte completamente, y en medio de esa muerte lenta y segura, solo alguien en tierra firme, y con un buen instrumento, te podrá llevar a una zona segura.

Entonces, no es lo mismo una crisis en donde Dios está presente, que una crisis en donde Dios está ausente. La gran diferencia entre vivir o morir, ser succionado por las arenas movedizas de la situación o ser salvados por una oportuna vara y un oportuno cayado, se resumen en estas poderosas palabras que Dios le habló a Josué:

"Mira que te mando que te esfuerces y seas valiente; no temas ni desmayes, porque Jehová tu Dios estará contigo en dondequiera que vayas." (Josué 1:9)

Dios hizo un pacto con Noé, con Abraham, con Jacob, con Moisés, con Josué, con David con Isaías y con Jeremías y a todos, en forma directa o indirecta, les prometió que su Presencia estaría con ellos, y aunque todos tuvieron la promesa de la Presencia de Dios, Dios nunca les dijo que no pasarían por las crisis, sino todo lo contrario.

"Cuando pases por las aguas, yo estaré contigo; y si por los ríos, no te anegarán. Cuando pases por el fuego, no te quemarás, ni la llama arderá en ti." (Isaías 43:2)

LA REVELACIÓN DEL DESIERTO

Muchas personas hablan del desierto. Se ubican en el desierto, y pasan toda su vida en el desierto. Es más, muchos cristianos lloran y se autocompadecen de estar cautivos en un desierto, como si esa fuera la buena voluntad de Dios agradable y perfecta. Entonces, permíteme mostrarte la diferencia entre vivir en un desierto, y visitar un desierto. Créeme, no es lo mismo. La Biblia menciona dos tipos de desiertos, a los cuales entramos por diferentes razones, y uno no dura lo que dura el otro. El primero es el desierto de la prueba, el desierto de cuarenta días. A ese desierto fue llevado Jesús para ser probado en su identidad de hijo de Dios, para mostrarle al diablo quién era Él, y para entrar en una dimensión menor y salir en una dimensión mayor.

"Jesús, lleno del Espíritu Santo, volvió del Jordán, y fue llevado por el Espíritu al desierto por cuarenta días, y era tentado por el diablo." (Lucas 4:1-2)

El mismo Espíritu Santo lo llevó, y el mismo Espíritu Santo lo puso en un nivel mayor:

"Y cuando el diablo hubo acabado toda tentación, se apartó de él por un tiempo. Y Jesús volvió en el poder del Espíritu a Galilea, y se difundió su fama por toda la tierra de alrededor." (Lucas 4:13-14)

En este caso, el desierto fue la crisis, pero también representó la oportunidad de acceder a un nivel de poder y autoridad mayor. El desierto no es una opción si se trata del propósito de Dios, el desierto es una parada obligatoria en el camino de todo hombre y toda mujer que desee entrar a la dimensión de su propósito. Sin embargo, existe un segundo tipo de desierto, y ese desierto es el desierto de la rebelión. Ahí no vamos porque Dios nos lleva, ahí vamos porque nuestra rebelión nos arrastra.

"Dios hace habitar en familia a los desamparados; saca a los cautivos a prosperidad; más los rebeldes habitan en tierra seca." (Salmo 68:6)

Ese desierto es la consecuencia directa de desoír una y otra vez su voz, y de permitir que las fisuras del carácter, y la dureza del corazón nos gobiernen. Dios tiene que cambiar eso en nosotros, y utiliza un desierto que tiene puerta de entrada, pero no de salida hasta tanto no hay un cambio visible y real. Ese desierto tiene la entrada frente a nuestros ojos, pero la llave de salida está solo en el cielo. Salimos del desierto del quebrantamiento cuando estando completamente rendidos y humillados, nos disponemos a obedecer y a hacer su voluntad. Pero no todos salen, muchos mueren dentro de Él.

"¿Y con quiénes estuvo él disgustado cuarenta años? ¿No fue con los que pecaron, cuyos cuerpos cayeron en el desierto?" (Hebreos 3:17)

ASUMIENDO RESPONSABILIDADES

Hay cosas en las que Satanás no tiene nada que ver, pero buscamos darle protagonismo para escondernos detrás de esa falsa espiritualidad y de esa manera evadir lo que realmente somos y lo que realmente pensamos. Dicho en otras palabras, mi peor enemigo no es el diablo, sino yo mismo. Entonces, no es grande el que pelea grandes batallas, sino que es grande aquel que gobierna algo tan pequeño como su lengua. No solo por la lengua en sí, sino por la autoridad sobre sí mismo, porque una lengua gobernada es un carácter gobernado. Porque una lengua gobernada, es un alma gobernada. Una de las características de las personas que están en el desierto de la rebelión, es que no controlan sus palabras, ni sus comentarios, ni sus acciones. El desierto de la rebelión, es un desierto de cuarenta años, y permíteme contarte un poco de mi desierto de cuarenta años.

EL DESIERTO DE MI REBELIÓN

Yo tenía 22 años y el mundo me parecía tan pequeño, y yo me veía tan grande, que Dios permitió que probara por primera vez la amargura del desierto, la sequía de la rebelión y la tristeza de la soledad. Puedo afirmar que hasta ese momento me había ido relativamente bien. Venía de un hogar cristiano en donde mis padres y abuelos sirvieron a Dios. Me formé en un buen colegio, y económicamente no nos iba mal. Estudiaba dos carreras universitarias simultáneamente, arquitectura y pedagogía. Era un joven pastor, decidido a todo pero que pasaba por encima de todo, y de todos. Idealista, orgulloso, arrogante, y tristemente… sordo. Pastoreaba dos iglesias en dos países diferentes y pensaba que porque Dios me usaba, mi vida estaba en orden. Desconocía que los dones testifican la bondad y la misericordia de Dios, mientras que los frutos testifican lo mismo, pero sobre mí. Para mí era al revés. No vivía por los frutos, vivía por los dones.

Dios tenía que cambiar eso para introducirme a su propósito, así que embriagado en mi propio vino, desobedecí de una forma completamente consciente y endurecí completamente mi corazón al consejo de Dios y de mis padres. Moisés recibió su pase directo al desierto, cuando golpeó la piedra y la orden era que tenía que hablarle. David recibió su pase cuando censó al pueblo, contradiciendo abiertamente la orden de que no lo hiciera. Jonás hizo lo propio cuando tenía que ir a Nínive, y descaradamente fue a Tarsis. Aún hoy, Dios mantiene un mismo patrón de acción cuando de entrar al desierto se trata, y este servidor no fue la excepción. Así que fui completamente advertido sobre las consecuencias de mi desobediencia, pero pretendí ganarle la pulseada a Dios y salirme con la mía.

Las grandes rebeliones comienzan en las pequeñas grietas del corazón y en las fisuras del carácter.

LAS ADVERTENCIAS DE DIOS

Recuerdo que en ese periodo de tiempo, no pasaba un solo día en el que Dios no enviara a alguien, o algo para advertirme sobre las consecuencias de lo que venía haciendo, y de lo que estaba a punto de hacer. Y fue en uno de esos días en donde oí por última vez la voz de mi Dios. El Señor me dijo: "Hijo, si me desobedeces ahora en esto, retiraré mi Presencia y mi favor de tu vida y ministerio". Para ser honestos, mi corazón estaba tan endurecido, que no dudé en replicarle con toda arrogancia diciendo: "Aún tengo dones, mi llamado es irrevocable y la gente me ama. Puedes irte si quieres, porque aún me tengo a mí mismo y contigo o sin ti, continuaré igual." Me avergüenzo de mí mismo cuando escribo esto, pero es necesario que lo sepas.

El tiempo pasó, hice lo que me había propuesto hacer en contra del mandato de Dios, y un día me percaté de algo terrible, literalmente: ¡Dios ya no estaba! Así como alguien que hizo sus maletas y se fue, ¡Dios se había ido! La gente ya no se sanaba, el Espíritu Santo no se manifestaba, y una por una, las familias que por tanto tiempo y en tantas ocasiones habían sido incondicionales, comenzaban a marcharse de la iglesia. Así que de ahí en más, todo se fue deteriorando. Las finanzas, la revelación, la asistencia y las relaciones entre las pocas personas que quedaban. Ya no tenía palabra, ni mensaje, ni ganas de seguir, ni amor por la gente. Así que enojado, a pesar de que ya casi no oía su voz, le dije al Señor: "si esto es el ministerio, ya no lo quiero más", y así, dejé el pastorado ofendido con Dios, por causa de mi propio pecado.

Aquella iglesia por la que había luchado y peleado por más de cinco años vio atónita como su pastor se iba de aquel lugar en donde había volcado tanto esfuerzo y que había edificado con tanto amor. Sin dar muchas explicaciones, renuncié a ser el pastor de aquella iglesia, juntamos nuestras cositas y nos fuimos fuera del país a buscar trabajo como lo han hecho tantos otros. En mi caso, me fui huyendo. Huyendo de Dios, huyendo del llamado, huyendo del proceso. Cada vez que trataba de resolver un problema, me metía en dos problemas más graves y cada vez que trataba de pagar una deuda, terminaba contrayendo dos deudas mayores.

UNA VIDA SIN DIOS

Y así, comencé a experimentar lo que era la vida sin Dios. La peor tragedia que alguien puede experimentar en esta vida, es haberse sentado un día a la mesa del Rey, haber conocido su Gloria y la manifestación de su poder, y haber perdido su Presencia. Las cosas en el desierto de la rebelión nunca mejoran. Siempre empeoran. La muerte era necesaria. Mi muerte era necesaria. Así como fue necesario que el joven príncipe egipcio Moisés, matara al capataz de los esclavos para descubrir su verdadera identidad. Todo aquel dolor me llevó a morir. Morir a los sueños, morir a ser yo, morir al éxito, o mejor dicho a lo que me habían enseñado que era éxito. Así que ahora estaba solo, y yo mismo había efectuado mi propio entierro. Ya no serviría más a Dios. Atrás habían quedado los días en que predicaba la palabra a cientos de hombres en encuentros y retiros. Atrás habían quedado las glorias de ser el pastor más joven del país. Atrás habían quedado los mejores recuerdos. Era hora de morir y aceptar lo que a mi parecer era la verdad: si comenzaba un ministerio, nadie querría asistir a una iglesia estigmatizada por mi mal testimonio y por mi error. Ahora cargaba un pasado en mis espaldas.

LA ZARZA VOLVÍA A ARDER

En esa muerte, esa bendita muerte, descubrí que a pesar de mi fracaso, a pesar de mis errores, a pesar de mi pecado, que a pesar de todo, ¡Dios permanece fiel! ¡Que fiel es el que os llama el cual también lo hará! Descubrí también que no existe resurrección posible si primero no hubo muerte. Todo ese vacío de mí mismo, la vergüenza y el rechazo de personas que en otro tiempo se decían amigos, provocó dentro de mí algo llamado hambre y sed. Darme cuenta de que no tenía a nadie más que a Jesús, y que no podía confiar ni esperar nada de nadie más, me llevaron a buscar su Presencia y la sanidad de mi corazón. Algo que hacía años no experimentaba.

Así que en medio del dolor, comencé a buscar su rostro en las mañanas con las pocas fuerzas que tenía, pero con mucha sinceridad. Pasé horas y horas de aquel otoño pidiéndole al Señor una nueva oportunidad. Esta vez no le pedía luces, ni fama, ni grandes multitudes. Esta vez tan solo le pedía que una vez más manifestara su Presencia. Me sentía como aquel Sansón sin ojos, pero con la melena creciente. Con lágrimas pasaba largas horas diciéndole al Señor, ¡Llévame a África! o ¡Llévame a las colonias indígenas! Pero has algo conmigo. Si mis manos te sirven, ¡por favor usa mis manos! Si mis pies te sirven, ¡por favor usa mis pies! No me importa dónde, no me importa con quién ¡solo te pido que hagas algo útil conmigo! "Y Jehová se acordó de Ana", ¡y se acordó Jehová de Gonzalo!

EL PROCESO DE LA RESTAURACIÓN

Una de esas mañanas, pasó algo muy especial. Dios me reveló y me llevó al día, al lugar y al momento de mi pecado. Me recordó aquellas palabras mías, y me dijo con ternura: "me tuve que ir, porque me echaste." Llorando le pedí perdón al Señor, y su Presencia volvió a mi vida. Esa mañana comprendí lo que estaba en el corazón de David cuando dijo: "devuélveme el gozo de tu salvación". Tres años antes lo había perdido, pero ahora volvía a encontrarlo. Luego de esa reconciliación, mi corazón volvió a llenarse de amor, de inocencia, y pude perdonar. Fue mucho más fácil perdonar ahora que estaba en paz con Dios.

La experiencia de perdonar cambió mi vida para siempre, y me hizo consciente de que hasta ese momento, lo único que sabía sobre el perdón, era la teoría. Dios me llevó al perdón, pero también al arrepentimiento. Me recordó el día, la hora y el lugar en donde había decidido que podía seguir solo, y me preguntó si estaba dispuesto a renovar mi pacto con Él. Llorando me arrepentí y le pedí perdón por los años que había estado lejos. Esa mañana volví a la casa de papá, igual que el hijo menor en la Parábola del hijo pródigo.

"Si tú dispusieres tu corazón, y extendieres a él tus manos; si alguna iniquidad hubiere en tu mano, y la echares de ti, y no consintieres que more en tu casa la injusticia, entonces levantarás tu rostro limpio de mancha, y serás fuerte, y nada temerás; y olvidarás tu miseria, o te acordarás de ella como de aguas que pasaron. La vida te será más clara que el mediodía; aunque oscureciere, será como la mañana. Tendrás confianza, porque hay esperanza; mirarás alrededor, y dormirás seguro. Te acostarás, y no habrá quien te espante; y muchos suplicarán tu favor." (Job 11:13:19)

Por fin mi desierto de cuarenta años parecía llegar a su fin y al final del camino podía ver las manos de misericordia del Dios de oportunidades.

EL COMIENZO DE UNA NUEVA TEMPORADA

Pasaron los meses, y Dios movió su mano para que pudiera llegar a los Estados Unidos de una manera completamente sobrenatural. El día que llegué conocí a quien es hoy mi padre espiritual y mentor, el Apóstol Guillermo Maldonado. Llegaba destruido, cansado y aunque mis ojos no veían ningún futuro, Dios sí lo veía, y mi padre espiritual también. Un verdadero padre, desata destino. Cuando terminó aquel servicio, él me impartió y desató sobre mi vida una palabra de resurrección y transformación que jamás olvidaré. Unas semanas después, una tímida puerta se abrió para predicar en una reunión de semana de una iglesia en Miami, luego vino otra invitación, y en la medida que seguía predicando, Dios comenzaba a hacer más y más cosas, los enfermos comenzaban a sanarse, los perdidos a salvarse ¡La Presencia de Dios había regresado completamente!

Luego se abrió la puerta de una nación que fue República Dominicana, y luego otra, y otra, y muchas cosas han sucedido desde entonces, en veinticinco naciones, en cuatro continentes, en cientos de ciudades, y en miles de personas de todas las razas, condiciones sociales y espirituales a quienes les he podido predicar este evangelio glorioso y sobrenatural que amo con todo mi ser. La restitución no tardó en llegar, y la honra perdida me fue devuelta con creces. Hoy ya no soy el mismo, Dios usó una crisis profunda para transformarme. Al final, he concluído que lo peor que me pasó en la vida, vino a ser lo mejor para mi vida y que los peores enemigos de nuestra vida, son por lejos, los mejores amigos de nuestro destino profético ¡Dios es fiel, Dios es bueno y para siempre es su misericordia!

RESUMEN DEL CAPÍTULO OCHO

- Un reproche no es otra cosa que una evasión inconsciente de la responsabilidad y un camino fácil para buscar culpables.

- El mayor daño que hace la persona que reprocha, es que una y otra vez se empeña en traer el pasado al presente, generando así un sentimiento y un espíritu de impotencia e inutilidad en la otra persona, formando así un círculo vicioso.

- El reproche es un candado espiritual que impide el avance y la superación de la otra persona.

- Los grandes éxitos, son la suma de grandes crisis y pequeñas crisis, atravesadas, bien o mal, pero atravesadas.

- No es lo mismo una crisis en donde Dios está presente, que una crisis en donde Dios está ausente.

CAPÍTULO **NUEVE**

DISCERNIMIENTO EN TIEMPOS DE CRISIS

"Pero el hombre natural no percibe las cosas que son del Espíritu de Dios, porque para él son locura, y no las puede entender, porque se han de discernir espiritualmente." (1 Corintios 2:14)

LOS SENTIDOS NATURALES Y LOS SENTIDOS ESPIRITUALES

El hombre natural tiene cinco sentidos, que son el tacto, la vista, la audición, el gusto y el olfato. Es bajo esta ley de los sentidos que operamos y tomamos decisiones en el mundo natural y Dios nos creó de esta manera. De la misma manera, el espíritu tiene sus sentidos y opera bajo sus leyes, y estos sentidos son la comunión, la conciencia y la intuición (5). En el prinicipio, el hombre tenía una armonía perfecta entre sus sentidos espirituales y sus sentidos naturales. Ambos trabajaban en convergencia, se complementaban y eso hacía de Adán un "super hombre" con "supersentidos". Lamentablemente, después de la caída, el alma del hombre cobró protagonismo y alteró el orden original de Dios, que es espíritu, alma y cuerpo (1 Tes. 5:23), para comenzar a vivir nuestra vida como seres bajo la maldición del pecado y con el orden de Dios en completo desorden: cuerpo, alma y espíritu.

EL DESARROLLO DE LOS SENTIDOS ESPIRITUALES

El discernimiento o la intuición, se pueden definir como "el sentir del espíritu" y muchas veces se presentan sin causa ni razón aparente. (7) El discernimiento tiene un origen eterno, es un sentido sobrenatural y opera por medio del espíritu del hombre. No está limitado a lo que vemos y oímos, sino que se alimenta de lo que Dios ve, lo que Dios oye y lo que Dios dice. Intuir o discernir es mirar con nuestros ojos espirituales la realidad de la tierra, desde la óptica del cielo y de Dios.

"Pero vosotros tenéis la unción del Santo, y conocéis todas las cosas." (1 Juan 2:20)

No es lo mismo saber, que conocer. El "saber" corresponde al ámbito de la razón, mientras que el "conocer" corresponder al ámbito del espíritu y de la intimidad con algo o alguien. El conocer en el contexto de Dios, tiene que ver con involucrarse con una verdad, a tal punto de ser "uno" con esa verdad (8). La intuición o discernimiento nos permite tomar decisiones y rumbos, aún sin tener el panorama del todo claro desde el punto de vista humano y racional. Casi siempre nuestra intuición opera en contra de toda lógica y toda razón.

El discernimiento es la tecnología de la fe. La intuición opera en el espíritu del nuevo hombre, de la misma manera que los instrumentos de aeronavegación lo hacen dentro de la cabina del piloto en un avión. Y aunque el piloto de ese avión tenga poco o nada de visibilidad por niebla o tormenta, sí tiene conocimiento e información de donde está, a qué altitud y a qué velocidad gracias a sus instrumentos de navegación, y más allá de lo que pueda ver o no, podrá aterrizar a salvo su avión y a las vidas que transporta. El discernimiento es el sentido que Dios puede usar para decir no, para dar una orientación o para prevenir un peligro, una situación o una mala decisión.

El Apóstol Rubén Arroyo, en su libro *El conocimiento revelado* define las funciones del hombre interior de esta manera: «El hombre interior es el receptor el reino de los cielos para un creyente. Y por eso pertenece a esa dimensión profética. El espíritu del hombre es su "ser interior". Y posee sentidos equivalentes a los del hombre exterior para percibir, discernir, detectar, identificar, interpretar, conectarse y relacionarse con el mundo espiritual.» (9)

"Pero la unción que vosotros recibisteis de él permanece en vosotros, y no tenéis necesidad de que nadie os enseñe; así como la unción misma os enseña todas las cosas, y es verdadera, y no es mentira, según ella os ha enseñado, permaneced en Él"(1 Juan 2:27)

Abraham era un hombre que a pesar de todos sus errores, caminó, ejercitó y tomó la mayoría de las grandes decisiones de su vida sobre las bases de la fe y el discernimiento. Abraham y Lot son excelentes ejemplos acerca de la diferencia que existe entre caminar según la intuición y caminar según el instinto, mientras uno caminaba detrás de una visión, otro caminaba detrás de una ambición.

"Por la fe dejó a Egipto, no temiendo la ira del rey; porque se sostuvo como viendo al Invisible." *(Hebreos 11:27)*

Abraham conocía por medio de la intuición y el discernimiento, el propósito y el cumplimiento de las promesas de Dios. En cambio Lot, tomó decisiones por lo que veía y oía con los sentidos naturales, sepultando completamente el sentido de la intuición y el discernimiento. Mientras que uno fue guiado por la visión de Dios, el otro fue llevado por la ambición de sus ojos.

VIENDO MÁS ALLÁ DE LO QUE SE VE

Muchos hombres y mujeres de la Biblia, cometieron sus más grandes errores guiados por lo que veían en la circunstancia de lo natural, en lugar de ser guiados por lo que no se veía, en lo sobrenatural.

Eva fue seducida por la serpiente, pero pecó porque se dejó llevar por lo que veía: *"Y VIO (10) la mujer que el árbol era bueno para comer."* *(Génesis 3:6)*

Lot, por causa de lo que veía decidió llevar a su familia a Sodoma y Gomorra y trajo maldición y muerte a su casa: *"Y alzó Lot sus ojos, y VIO (11) toda la llanura del Jordán".* *(Génesis 13:10)*

Raquel, la esposa de Jacob, permitió que la amargura y la envidia llenaran su corazón por causa de lo que veía: *"VIENDO (12) Raquel que no daba hijos a Jacob, tuvo envidia de su hermana".* *(Génesis 30:1)*

Los hermanos de José decidieron deshacerse de él, cuando fueron guiados por su instinto en lo que veían: *"Y VIENDO (13) sus hermanos que su padre lo amaba más que a todos sus hermanos, le aborrecían y no podían hablarle pacíficamente."* *Génesis 37:4*

Luego de que Josué y todo Israel perdieran vergonzosamente la primera batalla por la toma de Hai, Dios reveló el pecado oculto de Acán y esta fue su respuesta: *"Y Acán respondió a Josué (...) VI (14) entre los*

despojos un manto babilónico muy bueno (…) lo cual codicié y tomé."
(Josué 7:20 y 21)

"Porque todo lo que hay en el mundo, los deseos de la carne, LOS
DESEOS DE LOS OJOS (15) y la vanagloria de la vida, no
proviene del Padre sino del mundo."   *(1 Juan 2:16)*

Mientras que el instinto casi siempre opera dentro del
ámbito de la necesidad y la urgencia del momento, la
intuición y el discernimiento lo hacen dentro del ámbito del
propósito. Cuando Sarai le expuso su plan de que la sierva
Agar le diera un hijo a Abraham, no lo estaba haciendo bajo
el discernimiento de los tiempos y del propósito, sino bajo el
instinto y por la urgencia de la necesidad del momento.
Muchas veces nosotros también actuamos así, guiados por
las circunstancias, vamos en contra del propósito y la
voluntad de Dios.

Si en medio de una crisis, las circunstancias logran
convencerte de que eso que ves y oyes es tu verdadera
realidad, posiblemente termines actuando por instinto, y no
por discernimiento y asumiendo un hecho pasajero y
cambiante, como una verdad absoluta e irrevocable.

OPORTUNIDADES OCULTAS

El secreto que esconden las crisis, es que detrás de
cada una de ellas, hay una oportunidad que solo puede ser
descubierta por medio de la intuición y el discernimiento de
las cosas. Frente a la crisis contra Goliat, David vio la
oportunidad que nadie veía. Frente a la crisis de fe de los
diez espías que fueron a la tierra prometida para traer un
reporte, diez se movieron por instinto, y dos por intuición y
discernimiento de los tiempos y las circunstancias. Diez

tomaron decisiones desde lo que veían sus ojos, y desde la verdad contaminada de sus corazones, mientras que dos tenían desarrollado al máximo el sentido de la intuición para ver en esos gigantes una oportunidad de avanzar y conquistar.

Las grandes oportunidades se esconden detrás de grandes momentos de crisis y son esas oportunidades bien aprovechadas, las que tienen el potencial de cambiar el destino y la vida completa de una persona. La presión que ejerce una crisis, hará que actúes por intuición y discernimiento, o por intuición, y dependiendo de cuál de los dos sentidos utilices, verás los resultados. Jesús capitalizó momentos claves de crisis para traer grandes revelaciones del Reino de Dios y su poder.

LA REVELACIÓN DEL PROPÓSITO DE DIOS

Fue gracias a una gran crisis que Pedro dejó de ser un pescador del mar, para ser un pescador de hombres. Jamás se hubiera encontrado con su propósito si las barcas y las redes seguían llenas.

Muchos aspectos del propósito de Dios para tu vida, te serán difíciles de encontrar mientras tus barcas estén llenas, mientras tus graneros estén rebosados y mientras pienses que todo está en orden. Cuando volvieron a echar las redes al mar, las barcas se llenaron por completo y por poco se hundían. Si les hubiera ido relativamente bien en las primeras horas de la noche y de la pesca, jamás se hubieran encontrado con el Dios de la multiplicación.

Muchas veces necesitamos "no tener" para "poder tener" un encuentro con el Dios que sí "tiene", porque mientras tengamos, nuestro instinto nos impide recibir la revelación correcta de que Él es el Dios de la provisión.

Fue gracias a una crisis que Jesús se pudo revelar como la resurrección y la vida, varios días después de que Lázaro muriera. Fue una crisis de vida, de valores y de principios, lo que provocó que la mujer samaritana tuviera junto al pozo un encuentro con Jesús. Su vida había sido un fracaso, su pasado era malo, su presente era malo, pero dentro de ella había una necesidad de adorar y de hacer lo correcto. La crisis la llevó a encontrar la respuesta final a todas sus preguntas.

Fue en medio de una crisis mientras huía de Esaú, que Jacob se encontró con Dios en Bethel. En medio de la oscuridad de su noche, llegó a un lugar de luz. Mientras su cabeza se apoyaba sobre duras piedras, sus ojos se abrían al sentido de la intuición y el discernimiento para ver y oír una dimensión hasta entonces desconocida para él. Jamás hubiera habido un Bethel ni un Peniel sin un Esaú persiguiéndolo. No hubiera habido un Abel sin un Caín, ni un José sin sus hermanos, ni un David sin un Saúl, ni una Esther sin un Amán.

"Los peores enemigos de nuestro camino, son los mejores amigos de nuestro destino." (Rubén Arroyo) (15)

RESUMEN DEL CAPÍTULO NUEVE

- El discernimiento o la intuición, se pueden definir como "el sentir del espíritu" y muchas veces se presentan sin causa ni razón aparente.

- La intuición o discernimiento nos permite tomar decisiones y rumbos, aún sin tener el panorama del todo claro desde el punto de vista humano y racional. Casi siempre nuestra intuición opera en contra de toda lógica y toda razón.

- Mientras que el instinto casi siempre opera dentro del ámbito de la necesidad y la urgencia del momento, la intuición y el discernimiento lo hacen dentro del ámbito del propósito.

- El secreto que esconden las crisis, es que detrás de cada una de ellas, hay una oportunidad que solo puede ser descubierta por medio de la intuición y el discernimiento de las cosas.

- Las grandes oportunidades se esconden detrás de grandes momentos de crisis y son esas oportunidades bien aprovechadas, las que tienen el potencial de cambiar el destino y la vida completa de una persona.

Capítulo Diez

Las crisis y los recuerdos

Cuando atravesamos un tiempo de crisis, los recuerdos nos pueden traicionar y desenfocar del propósito y de la puerta de salida de esa crisis. En tiempos de crisis, mirar atrás, es acentuar las emociones y alterarlas. Dios no nos dio dominio sobre el pasado, sino sobre el presente y el futuro. Sin embargo, ante un momento difícil, chocamos con la tentación de mirar atrás y dejar que la nostalgia cobre protagonismo, y es exactamente eso lo que no debe suceder.

La traición de los recuerdos

En este caso el problema no son los recuerdos malos, sino muchas veces los recuerdos buenos. Y los recuerdos buenos, pueden traer en tiempos de crisis, tanto o más dolor que los recuerdos malos.

"Junto a los ríos de Babilonia, allí nos sentábamos, y aún llorábamos acordándonos de Sion." (Salmo 137:1)

El problema de los judíos que fueron llevados cautivos a Babilonia era justamente los recuerdos, los buenos recuerdos. Los buenos recuerdos les impedían ver la salida y la respuesta de Dios en el ahora.

El libro de Hechos menciona un episodio en donde una mujer buena y piadosa llamada Dorcas, falleció repentinamente causando dolor y consternación entre los hermanos. La Biblia dice que abundaba en buenas obras y en limosnas, pero en aquellos días enfermó y murió. Así que llamaron a Pedro, y cuando Pedro llegó al lugar la atmósfera estaba sumamente cargada de tristeza, quebranto e incredulidad. Ni bien llegó, vio a las viudas que lloraban mostrando los vestidos que Dorcas había confeccionado, y mientras que Pedro tenía intención de resucitarla, ellas con su dolor y los vestidos en la mano, no hacían otra cosa que retrasar el "ahora" de lo que Dios quería hacer. Así que Pedro mandó a que todos saliesen fuera, soltó la palabra y Dorcas resucitó.

CRISIS DISFRAZADAS DE INJUSTICIA

Esta historia encierra muchas de las verdaderas actitudes que nosotros, los seres humanos, empleamos en tiempos de crisis. Comenzamos a preguntarnos y preguntar: ¿Por qué a las personas buenas le suceden cosas malas? Ese era el dolor real de aquellas viudas. Ese es el dolor real de muchas personas que atraviesan por un tiempo de crisis. En el momento no entendemos, no comprendemos y exponemos nuestra propia justicia, frente a la justicia de Dios, y esa actitud es la que le pone candado a la obra de Dios. Al pensar, hablar y creer de esa manera, automáticamente le ponemos un freno a la operación del poder sobrenatural de Dios para ver lo imposible hacerse posible.

Las viudas eran personas buenas, con buenas intenciones, pero con la actitud equivocada. A lo largo de nuestra vida, nos encontraremos con muchas viudas y viudos. No me refiero literalmente al estado civil, sino a una condición espiritual. Son personas que cargan con un pasado bueno o malo, pero no resuelto, cuya identidad quedó marcada por el dolor y la pérdida. Las viudas materializaban su dolor por medio de los vestidos de Dorcas. Los vestidos representan los recuerdos, las experiencias, la parte "buena" del pasado. Pero eran esos mismos vestidos, es decir, esos recuerdos, lo que les impedía ver el milagro que estaba frente a ellas. Agitar los vestidos, agitar los recuerdos de lo que fue, de lo que pasó, retrasa el cumplimiento del propósito. Cuando Dorcas resucitó, dice la escritura que "Pedro llamó a los santos y... a las viudas." Las viudas no eran santas, ni los santos eran viudas. Las viudas, portaban una atmósfera de dolor, de pérdida, de viudez. Proféticamente representan personas con diseños incompletos, y una persona con un diseño incompleto, difícilmente podrá activarte en el diseño completo.

RELOJES PROFÉTICOS DETENIDOS

La viudez del corazón se manifiesta en una persona que quedó detenida en el tiempo de la pérdida, en el lugar de la pérdida y

> "LA VIUDEZ DEL CORAZÓN SE MANIFIESTA EN UNA PERSONA QUE QUEDÓ DETENIDA EN EL TIEMPO DE LA PÉRDIDA."

en el momento de la pérdida. Es alguien que no pudo salir adelante. Muchas veces nosotros caminamos con viudez en nuestros corazones. Acumulamos pérdida sobre pérdida. Dolor sobre dolor, a tal punto, que el dolor se vuelve una identidad. La identidad de estas mujeres estaba marcada y definida, no pertenecían al grupo de los santos, sino al de las viudas. La viudez era su identidad.

¿Hay áreas de tu vida en donde se levanta una falsa identidad? La viudez se puede manifestar por la pérdida no superada de un ser querido, o por un divorcio, o por una enfermedad, o por una situación trágica y traumática o todo lo contrario, también se pude manifestar por causa de un pasado brillante, pero que ya no existe. Hoy existen muchos viudos y viudas del corazón, que no pueden ver su ahora ni su futuro, por causa de su pasado. La nostalgia es síntoma de viudez. Algo había marcado la vida de aquellas mujeres, y no podían salir adelante. No permitas que el dolor venga a ser tu identidad. No dejes que una pérdida sea lo que te defina. ¡Mira hacia adelante y camina porque tu identidad profética no es la viudez, sino la resurreción!

"Ninguno que pone las manos en el arado y mira atrás..." (Lucas 9:62)

LA ACTIVACIÓN DE LA VERDADERA IDENTIDAD

Dorcas, también llamada Tabita, significa "Gacela". Sabemos que el nombre tiene mucho que ver con el destino profético de una persona. Mientras todos lloraban su muerte, la Presencia de un Apóstol transformado por las crisis y el dolor, vino a reactivar la información que estaba en su ADN. No fuiste creado o creada para morir en la derrota, sino para correr y volar alto. En medio de una crisis no busques solamente a alguien que únicamente te consuele.

El consuelo es bueno y es necesario porque trae descanso, pero para salir de la crisis se necesita una palabra "del más allá" para desatar el nudo del "más acá". Busca a alguien que te active, que te imparta, que afirme el contenido profético que hay en tu identidad y que te diga, no lo que quieres oír, ni lo que crees que eres, sino lo que necesitas oír. Alguien que te declare lo que realmente eres en el cielo y en la tierra. Alguien que afirme tu identidad y tu destino. Por eso Jesús dijo:

"deja que los muertos entierren a sus muertos." (Lucas 9:60)

Recordemos que este Pedro no era el mismo de años atrás. El poder de Dios lo había transformado. La revelación de quién era el Cristo y el dolor del proceso lo habían cambiado. Ya no era una "gavilla llevada por el viento". Ahora era una "roca", y a esa roca se le habían dado las llaves para atar y desatar. Solo alguien que tiene las llaves puede atar y desatar. No pierdas el tiempo con personas que hablan bonito pero que no tienen las llaves de la autoridad. Solo alguien que tiene llaves, tiene el poder de reconciliarte con tu destino profético. Y para tener esas llaves, esa persona vivió algo llamado "proceso". Los procesos nos otorgan llaves y las llaves autoridad.

ATMÓSFERAS CONTAMINADAS

Por eso la actitud del Apóstol fue quitar a toda la gente del lugar. Hay personas que contaminan atmósferas con sus palabras, intenciones y actitudes, y terminan deteniendo el propósito de Dios en medio de una situación difícil. En medio de una crisis, a veces menos, es más, y no es por la cantidad, sino por lo que se porta. Pedro liberó la habitación, desactivó esa atmósfera de dolor e incredulidad, y esta historia de muerte, pasó a ser una historia de vida.

EVITANDO EL EFECTO DOMINÓ

Otra razón por la que Pedro mandó a todo el mundo fuera de la habitación es esta: no permitas que una situación, contamine todas las demás áreas de tu vida. El primer paso para enfrentar toda crisis es aislar la situación.

Cuando en un buque que navega en altamar aparece un enfermo, y luego otro y otro y todos tienen los mismos síntomas, se procede a poner en "cuarentena" a todo el barco hasta poder determiner el origen real de esa "epidemia" o de esos casos particulares y evitar su propagación. Hay cosas que si permites que se expandan sin aislarlas, terminarán por tomar el control de todas las demás áreas de tu vida. Claro que hay crisis que se levantan con tanta magnitud como un volcán y es casi imposible evitar que afecten el resto de nuestras vidas. Pero nada es imposible de aislar si se tienen las ideas claras con la ayuda de Dios y la guía del Espíritu Santo. Un ejemplo práctico, no permitas que una crisis en tu matrimonio afecte tu rendimiento laboral.

Otro ejemplo, no permitas que por causa de una crisis económica, se deteriore la relación con tus hijos. Una cosa no tiene que ver con la otra. Ellos, más que a tu dinero, te necesitan a ti.

Muchas personas se desbordan rápidamente por su poca capacidad de aislar sus problemas mientras Dios se glorifica, y seguir su vida de la manera más normal posible para que lo demás no se vea afectado. Aislar a Dorcas fue la clave para que el poder de Dios se hiciera visible, y es que en medio una atmósfera de confusión y de desorden Dios no se mueve.

"Pedro se puso de rodillas y oró; y volviéndose al cuerpo dijo: Tabita, levántate." (Hechos 9:40)

Y Dorcas resucitó. Volvió de la muerte a la vida. Hoy Dios quiere resucitar tus sueños, tus anhelos, quiere activar el propósito de Él, que ha estado dormido y muerto. ¡Experimenta aquí y ahora el poder de su resurrección!\

RESUMEN DEL CAPÍTULO DIEZ

- En tiempos de crisis, mirar atrás, es acentuar las emociones y alterarlas. Dios no nos dio dominio sobre el pasado, sino sobre el presente y el futuro.

- En el momento no entendemos, no comprendemos y exponemos nuestra propia justicia, frente a la justicia de Dios, y esa actitud es la que le pone candado a la obra de Dios.

- Las viudas, portaban una atmósfera de dolor, de pérdida, de viudez. Proféticamente representan personas con diseños incompletos, y una persona con un diseño incompleto, difícilmente podrá activarte en el diseño completo.

CAPÍTULO ONCE

IDENTIDAD EN TIEMPOS DE CRISIS

Tarde o temprano, en medio de una crisis, lo que me mantendrá firme es saber quien soy, y tener una comprensión clara de mi identidad. Ahora, ¿qué sucede cuando una crisis viene a golpear justamente eso, la identidad?

LAS DECISIONES A "MEDIAS"

Ya Moisés había tenido un encuentro sobrenatural con la Presencia de Dios. La zarza había ardido sin consumirse, y aquel mismo fuego ahora ardía en su corazón. La Palabra ya había sido soltada y junto con la Palabra, todas las señales que la acompañarían. El dilema de su torpeza en el habla también había sido resuelto por Dios y podríamos concluír en que los preparativos para liberar a tres millones de esclavos de la mano de la nación más poderosa de la tierra estaban terminados, pero...

"... Acontenció en el camino, que en una posada Jehová le salió al encuentro, y quiso matarlo. Entonces Séfora tomó un pedernal afilado y cortó el prepucio de su hijo, y lo hechó a los pies diciendo: A la verdad tú eres un esposo de sangre. Así luego le dejó ir. Y ella dijo: Esposo de sangre, a causa de la circunsición." (Éxodo 4:24-26)

Entonces, Dios quiso matarlo. ¿Tantos preparativos y promesas, y encuentros para ahora querer acabar con él en pocos segundos?

Unos miles de años más tarde Jesús diría: "Nadie coloca vino nuevo en odres viejos, ni remiendos viejos en paños nuevos." El vino nuevo hará romper en pedazos el odre viejo. Y esto tiene mucho que ver con nuestra naturaleza humana, de querer lo nuevo de Dios, dentro de lo viejo de mis estructuras. De querer interpretar "su" verdad, desde la óptica de "mi" verdad y "mis" experiencias. De querer llenarme, sin primero aceptar que tengo que vaciarme.

EL PODER DE SER VACIADOS

Cuando se trata del propósito y de la voluntad de Dios, ser vaciados no es una opción ni una sugerencia, es simplemente una completa y absoluta necesidad. Vaciado de la realidad de la tierra para ser llenos de la realidad del cielo, vaciado de mis propios pensamientos y mis propios patrones de conducta para ser lleno de sus pensamientos y sus consejos.

El comienzo de algo nuevo, tiene que ver con el final de algo viejo, y en cuanto más insista en hacer las cosas a "mi" manera, más doloroso será el

> "SER VACIADOS NO ES UNA OPCIÓN NI UNA SUGERENCIA, ES SIMPLEMENTE UNA COMPLETA Y ABSOLUTA NECESIDAD."

momento en que Dios determine: destruir "mi" manera, para establecer "su" manera; derribar "mi" orden, para establecer "su" orden; destruir "mi" reino, para establecer "su reino" y derribar "mi verdad" para establecer "su verdad".

"Mira que te he puesto en este día sobre naciones y sobre reinos, para arrancar y destruír, para arruinar y para derribar, para edificar y para plantar." (Jeremías 1:10)

Este es el orden de Dios, arrancar y destruír, arruinar y derribar, edificar y plantar. Todo lo que se edifica y se planta, sin arrancar ni destruír, termina siendo arruinado y derribado, y este fue el principio que Moisés pasó por alto camino a Egipto.

LOS DISEÑOS DE DIOS

La circunsición egipcia se realizaba con piedras afiladas, e implicaba el corte de medio prepucio; en cambio, la circuncisión hebrea, es decir el mandato de Dios, implicaba el corte total del prepucio y debía ser hecho con pedernales afilados.

Cuando Dios intentó matar a Moisés, Séfora su esposa tomó un pedernal afilado y circuncidó al muchacho. Entonces, la ira de Dios se calmó y Moisés se salvó. Esto nos habla de una media voluntad y de una peligrosa media decisión que casi le cuesta la vida. Es que simplemente no podía asumir la nueva identidad, aún en sus propias generaciones, mientras no desechara la vieja identidad, que en este caso era la identidad de Egipto. Es decir, la raíz de fondo tenía que ver con la identidad, y aún quedaba en Moisés algo de la identidad de Egipto.

Dios tuvo que provocar una fuerte crisis para que Moisés entendiera que no se puede edificar y plantar, sin primero derribar y destruír. No se puede liberar al pueblo de Egipto, si primero no te has liberado del egipcio que llevas dentro. No puedes romper en otros, aquello que no has roto dentro de ti mismo y no puedes llevar a otros a obedecer, aquello que tú mismo no has obedecido.

Dios no responde a mitades, ni a medios pasos de fe, ni a medias entregas. La Biblia dice que Él es el todo, que todo lo llena en todo. En el primer encuentro de Dios con Moisés, Dios le dio todo. En el segundo encuentro de Dios con Moisés, Dios esperaba que Moisés le diera todo, y Moisés entregó mucho, pero no entregó todo. A veces entregamos y damos la parte que se ve, pero escondemos la parte que no se ve, y la parte que no se ve, es la que Dios está esperando que entreguemos.

El joven rico que tuvo un encuentro con Jesús, estaba destinado a ser uno de los grandes apóstoles y padre de la iglesia, pero pasó a

> "TARDE O TEMPRANO, DIOS SALDRÁ A TU ENCUENTRO, Y ES MEJOR QUE NO EXISTAN MITADES NI MEDIAS DECISIONES."

la historia sin nombre, solo mencionado como un joven rico. Ananías y Safira intentaron dar una parte de la venta de su heredad, y mintieron al Espíritu Santo, eso les terminó costando la vida. Entregar o hacer una parte de todo lo que Dios ha dicho y ordenado, tarde o temprano terminará desatando una crisis profunda y dolorosa, que podrías haber evitado. Tarde o temprano, Dios saldrá a tu encuentro, y es mejor que no existan mitades, ni medias decisiones, ni medias heredades, ni medios pasos de obediencia, porque será tu propósito y tu destino profético el que estará en juego.

LA MALDICIÓN DEL RELATIVISMO

Luego de la caída y de ser expulsados del Edén, la mayoría de los seres humanos adoptaron una tendencia natural a relativizar ciertas cosas. A llamar a lo bueno no tan bueno, y a lo malo, no tan malo. ¿Acaso Gerson o Eliezer, hijos de Moisés no estaban ya circuncidados? ¿Por qué era necesario que se volvieran a circuncidar? ¿Para qué causarle dolor innecesariamente? Muchas personas buscan justificarse y deslindar su responsabilidad personal relativizando todo. Esa es la tarea del infierno y esas fueron las palabras de la serpiente hacia Eva: "¿Con que Dios os ha dicho?" Y es en medio de una crisis en donde menos relativos debemos ser. Había una palabra, una orden y un diseño. Moisés obedeció la palabra y la orden, pero no el diseño.

EL PRECIO DE LOS DISEÑOS DE DIOS

La identidad es la mayor fuente de poder que alguien puede tener. Saber quién soy, y quién no soy, determina lo que puedo, lo que tengo y a dónde voy. El sentir de pertenencia tenía que estar marcado en el cuerpo de Moisés y en sus generaciones. El pacto de Dios con Abraham fue la circuncisión, y la circuncisión a su vez era una marca imborrable de identidad y propósito. Es posible que Moisés no quería que su hijo sufriera el dolor de una circuncisión con la edad que tenía (17).

Muchas veces por no causar dolor y no experimentar el dolor, postergamos las decisiones importantes y terminamos empeorando el panorama. El dolor es inevitable. Sufrir es inevitable, y cuanto más tiempo pases postergando decisiones sobre asuntos de los que Dios ya te ha dicho qué hacer y cómo hacerlo, más doloroso será el día en que tengas que verte forzado a hacerlo. Séfora tenía el pedernal a mano. En medio de la escena, alguien estaba preparada para obedecer. Obedecer no siempre es agradable y placentero. Obedecer no solo implicará un precio de dolor para ti, sino también para los que están contigo.

Muchas crisis son producto de situaciones que escapan a nuestro control, pero otras crisis son provocadas por nosotros mismos. Esta crisis que tuvo Moisés con Dios fue provocada por Moisés. Hoy puedes tomar la decisión de no guardar reservas, ni mitades de nada y ganar tiempo y favor de Dios, o mantenerte en la posición de hacer las cosas en tu propio diseño.

Resumen del Capítulo Once

- El comienzo de algo nuevo, tiene que ver con el final de algo viejo, y cuanto más insista en hacer las cosas a "mi" manera, más doloroso será el momento en que Dios determine: destruir "mi" manera, para establecer "su" manera.

- Todo lo que se edifica y se planta, sin arrancar ni destruir, termina siendo arruinado y derribado. No puedes romper en otros, aquello que no has roto dentro de ti mismo y no puedes llevar a otros a obedecer, aquello que tú mismo no has obedecido.

- A veces entregamos y damos la parte que se ve, pero escondemos la parte que no se ve, y la parte que no se ve, es la que Dios está esperando que entreguemos.

- Tarde o temprano, Dios saldrá a tu encuentro, y es mejor que no existan mitades, ni medias decisiones, ni medias heredades, ni medios pasos de obediencia, porque será tu propósito y tu destino profético lo que estará en juego.

CAPÍTULO **DOCE**

LA CRISIS DE
LOS PROYECTOS DE VIDA

No todas las crisis tienen que ver con tragedias, problemas externos o desgracias. Y es que muchas personas se han mantenido vivas gracias a un proyecto de vida. Y el día que ese proyecto de vida está terminado ya no tienen un proyecto ni tampoco tienen vida.

¿Qué es un proyecto de vida? Es aquello que priorizamos y tomamos como eje central y como nuestra razón de ser o existir. Para algunos su proyecto de vida es el bienestar económico, para otros son sus hijos, para otros es su ministerio, para otros son sus estudios.

"Después comenzó Noé a labrar la tierra, y plantó una viña; y bebió del vino, y se embriagó, y estaba descubierto (desnudo) en medio de su tienda."   *(Génesis 9:20 y 21)*

Este fue un día triste en la vida de Noé porque nos muestra cuán desenfocada y lejos del propósito puede terminar una persona cuando un proyecto de vida entra en crisis. Por más de ciento veinte años, Noé estuvo por completo dedicado a un proyecto de vida. Ese proyecto de vida era el arca. Construír ese proyecto demandó de Noé la máxima fe, un carácter y una firmeza intachable, una fluida relación con Dios y un espíritu recto. Junto con su esposa y sus hijos, esa fue la motivación para seguir adelante y seguir creyéndole a Dios, a pesar de que no había jamás llovido sobre la tierra. Finalmente, vino el diluvio, la humanidad fue destruida, pero Noé y su familia se salvaron. Luego de cuarenta días, Dios comienza a hacer disminuir las aguas, y la tierra lentamente vuelve a la normalidad. Ya cuando todos regresan a la tierra, es decir, cuando el proyecto se termina, Noé planta una viña y se embriaga.

TARDE O TEMPRANO UN PROYECTO DE VIDA SE TERMINA

Muchas personas se han programado para construir y vivir en el arca, pero se olvidan que el arca dura lo que dura la lluvia y la inundación. El día que el tiempo del arca se termina, no saben qué hacer porque edificaron su vida en función de algo equivocado. Dios mismo permite que el arca deje de ser funcional, para que esa crisis nos vuelva a encaminar al propósito. Tienes que comprender este principio: tarde o temprano el arca dejará de ser funcional y el arca en sí misma no es lo más importante, sino la Palabra de Dios para edificar el arca y el propósito detrás del arca, y es la misma Palabra la que determinó el fin de la vida útil del arca. La continuidad de la raza humana no fue por el arca, sino por Noé que construyó el arca. El pacto no fue con el arca, sino con Noé. Cada vez que enfocamos el pacto en personas o cosas exteriores, nos exponemos a una inevitable crisis cuando esas personas o cosas ya no estén. Y es que el arca te servirá mientras llueva, pero el enfoque correcto te servirá para cuando pare la lluvia y tengas que bajar del arca.

PRIORIDADES EQUIVOCADAS

No dudamos de la moral ni del peso espiritual e histórico de Noé, pero mientras duró la construcción del arca, Noé estuvo sobrio y no se registra un solo episodio ni de borrachera ni de ningún otro problema moral. Sin embargo, el día que ya no vivió más en función del arca, sino de la realidad, plantó una viña y se emborrachó. Y aunque Noé fue el responsable de continuar con la vida de toda la creación, no supo cómo continuar con su propia vida después del arca.

Esto le sucede a muchas personas que edifican su vida y su felicidad alrededor de sus hijos. Le dedican toda su vida, todos sus años y todas sus fuerzas. Se postergan heroicamente y dejan a un lado todo proyecto personal. Y es bueno amar a nuestros hijos, cuidarlos y tomar el tiempo necesario para verlos crecer, educarlos y estar con ellos, pero los hijos crecen y un día se van y asoma la crisis de un proyecto de vida con intenciones correctas, pero con prioridades incorrectas.

Otros edifican su vida sobre la base de lo material, y todos sabemos que el más rico hoy puede ser el más pobre mañana. Muchos matrimonios se mantienen unidos gracias a un proyecto de vida en común en el cual las prioridades lentamente van cambiando y ese proyecto viene a ser el centro de la relación, y no el amor que un día se juraron, ni el pacto que un día hicieron. Ese proyecto de vida, algunas veces, es comprar o edificar una casa, y el día que

> "¿QUÉ HARÁS CUANDO TU PROYECTO DE VIDA ESTÉ ACABADO PERO NO TU VIDA?"

la casa está pagada o construida, la relación se deteriora hasta que termina, porque ya no hay un proyecto de vida que los una. En otros casos, se mantienen unidos por el "bien" de sus hijos, pero el día que los hijos crecen y se van, se dan cuenta de que son dos perfectos desconocidos y que han edificado su relación en un proyecto de vida que ahora está en crisis.

Otras personas han dedicado toda su juventud a estudiar una carrera. Y no es malo, en absoluto, estudiar o prepararse profesionalmente. Sin embargo, luego de la carrera se dedican a especializarse, y luego de la especialidad se enfocan en estudiar otra especialidad, y luego otra hasta que un día se dan cuenta de que ya no tienen más nada que estudiar, y se encuentran con que postergaron tantas otras cosas de sus vidas, que ahora son difíciles de recuperar o de poder vivir. Su proyecto de vida está en crisis. Es decir, el día que el arca deja de ser funcional y se enfrentan a otra cosa que no sea el arca, se dan cuenta que ya no tienen un proyecto de vida por el cual seguir trabajando y se enfrentan a la frustración, al miedo y a la desilusión.

> "LA PERSONA QUE CAMINA EN SU PROPÓSITO, ESTÁ POR ENCIMA DE SU PROYECTO DE VIDA."

Yo no sé cuál ha sido tu proyecto de vida, ni qué tan cerca o lejos estés de alcanzarlo, pero hoy es un buen día para que te pregunte lo siguiente: ¿Qué harás cuando tu proyecto de vida esté acabado pero no tu vida? ¿Qué harás cuando tu arca deje de ser funcional a los tiempos? ¿Avanzarás sobre tierra firme o te aferrarás a los tablones de madera esperando que vuelva a llover?

Todo, absolutamente todo, cambia en este mundo. El poder que alguien tiene hoy, mañana puede no tenerlo. Se puede ser rico y poderoso, pero tener el corazón completamente vacío y ser infeliz. Cuántos presidentes de naciones entraron en crisis y depresión luego de ya no ser más "El señor Presidente". Esas son las crisis silenciosas de las que nadie habla. Pero aún esas crisis pueden ser útiles para que Dios se manifieste en nosotros.

La crisis de un proyecto de vida nos tiene que llevar a una seria reflexión sobre cuáles son nuestras prioridades reales hoy, y cuáles deberían ser nuestras prioridades ante los ojos de Dios. También la crisis nos confronta con otro problema: ¿cuál es mi verdadera identidad? ¿Quién soy yo realmente más allá de mi persona pública, más allá de la persona que todos ven? ¿Está mi proyecto de vida en armonía con el propósito de Dios para mi vida? Tu proyecto de vida puede caer, pero jamás el propósito de Dios. Si tu proyecto de vida está en sintonía con el propósito de Dios, cuando las crisis golpeen el proyecto, experimentarás una capacidad increíble de reciclarte, de juntar fuerzas de flaqueza, de volver a empezar y volver a tener éxito. La persona que camina en su propósito, está por encima de su proyecto de vida. El propósito es como un chaleco salvavidas, que cuando golpea con fuerza el agua se hunde momentáneamente, pero luego sube a la superficie.

"Cielos y tierra pasarán pero mi palabra no pasará." (Mateo 24:35)

RESUMEN DEL CAPÍTULO DOCE

- Muchas personas se han programado para construir y vivir en el arca, pero se olvidan que el arca dura lo que dura la lluvia y la inundación. El día que el tiempo del arca se termina, no saben qué hacer porque edificaron su vida en función de algo equivocado.

- ¿Qué harás cuando tu proyecto de vida esté acabado pero no tu vida? ¿Qué harás cuando tu arca deje de ser funcional a los tiempos? ¿Avanzarás sobre tierra firme o te aferrarás a los tablones de madera esperando que vuelva a llover?

- La crisis de un proyecto de vida nos tienen que llevar a una seria reflexión sobre cuáles son nuestras prioridades reales hoy, y cuáles deberían ser nuestras prioridades ante los ojos de Dios.

- El propósito es como un chaleco salvavidas, que cuando golpea con fuerza el agua se hunde momentáneamente, pero luego sube a la superficie. El propósito de Dios en medio de una crisis, es lo único que nos mantiene a flote.

CAPÍTULO **TRECE**

EL MUNDO ESPIRITUAL Y LAS CRISIS

Todos tenemos cuatro niveles de autoridad, que determinan bendición o maldición, y estos son: las intenciones, las actitudes, los pensamientos, y las palabras. De estos cuatro nieveles, el mayor de ellos es la palabra.

EL PODER DE LO QUE HABLAMOS

Una palabra de fe, desata legalidad y debilita la legalidad del territorio enemigo, así como una palabra de incredulidad, desata ilegalidad y fortalece la legalidad del territorio enemigo. Todo territorio e influencia dentro de un territorio están determinados por las palabras. Es mentira que a las palabras se las lleva el viento.

Cuando tomamos el espíritu de la fe, hablando y confesando la Palabra de Dios más allá de lo que vemos y oímos, las operaciones del enemigo en su territorio se vuelven lentas y confusas, es decir, nuestras palabras lo debilitan y desalientan. Su logística comienza a ser menos efectiva, y el área de dominio de su territorio comienza a decrecer más y más. Cuando declaramos con la boca aquellas cosas que habrán de suceder, a pesar de las circunstancias y de la crisis que podamos estar atravesando, esa declaración es la que hace inclinar la balanza a nuestro favor. Algunas veces no dimensionamos cuánto daño puede causar una palabra de fe al campamento del enemigo, simplemente porque no lo vemos. Pero mes a mes, semana a semana, día a día,

> "LAS PALABRAS DETERMINAN Y DELIMITAN TERRITORIOS DE BENDICIÓN O MALDICIÓN."

minuto a minuto, cada pensamiento, cada intención, cada actitud y cada palabra, determinan que un territorio enemigo sea fuerte y grande, o débil y pequeño, así como un territorio de bendición, fuerte y grande, o débil y pequeño.

"Y extendió Jehová su mano y tocó mi boca, y me dijo Jehová: He aquí he puesto mis palabras en tu boca. Mira que te he puesto en este día sobre naciones y sobre reinos, para arrancar y destruir, para arruinar y para derribar, para edificar y para plantar (...) y pelearán contra ti, pero no te vencerán; porque yo estoy contigo, dice Jehová para librarte." (Jeremías 1:9, 10 y 19)

PALABRAS Y TERRITORIOS

Una palabra, siempre determina, delimita, fortalece o debilita un territorio. "He puesto mis palabras en tu boca … te he puesto sobre naciones". El mundo espiritual está lleno de territorios y es multidimensional. Las dimensiones del mundo espiritual son infinitas, incontables e inaccesibles al hombre natural y a sus sentidos. La tierra y su orden son apenas un reflejo distorsionado de cómo funciona el cielo y el mundo espiritual. Solo el hombre espiritual puede alcanzar a percibir una mínima parte de las dimensiones espirituales y esto solo es posible por medio del poder de la revelación. El poder de la palabra actúa en el mundo espiritual primero y en el mundo natural después.

"Y nosotros no hemos recibido el espíritu del mundo, sino del Espíritu que proviene de Dios para que sepamos lo que Dios nos ha concedido, lo cual también hablamos, no con palabras enseñadas por sabiduría humana, sino con las que enseña el Espíritu, acomodando lo espiritual a lo espiritual."   *(1 Corintios 2:13)*

LA REALIDAD DEL MUNDO ESPIRITUAL

El mundo espiritual es muy diferente al mundo natural en el cual vivivimos. Aquí vivimos atrapados en dos dimensiones que son tiempo y espacio, mientras que el mundo espiritual es eterno y multidimensional. Todo lo que sucede en el mundo espiritual se refeleja en menor medida en el mundo natural y solo podemos acceder al conocimiento de las cosas celestiales por medio de la revelación. La mente, la racionalidad, el intelectualismo, la razón y el corazón endurecido, son velos que impiden dimensionar y comprender esta realidad que escapa a nuestros sentidos naturales.

"Y entendiéndolo Jesús les dijo: ¿Qué discutís, porque no tenéis pan? ¿No entendéis ni comprendéis? ¿Aún teneis endurecido vuestro corazón? ¿Teniendo ojos no veis, y teniendo oídos no oís? ¿Y no recordáis?"   *(Marcos 8:17 y 18)*

Algunos dudan de la realidad del mundo espiritual, a pesar de que en algún momento de sus vidas han tenido una experiencia espiritual, así como los discípulos cuando vieron a Jesús multiplicar los panes y los peces. Es decir, muchas personas tienen semana tras semana una experiencia espiritual, pero sus vidas siguen igual: en la misma pobreza, en la misma enfermedad y en el mismo dolor.

Han tenido una experiencia espiritual pero no una revelación del mundo espiritual ni una transición a una vida espiritual. Hablan del cielo, pero ignoran por completo lo que es el cielo en la tierra, el Reino de Dios aquí y ahora, y la causa es que son las crisis las que quiebran y rompen esa cadena que nos mantiene sumergidos en nuestra propia realidad y en esa ceguera que nos impide ver más allá de nuestra razón y de nuestros sentidos.

"Pero el hombre natural no percibe las cosas que son del Espíritu de Dios, porque para él son locura, y no las puede entender, porque se han de discernir esiritualemente." (1 Cor. 2:14)

LA REALIDAD AUMENTADA

Intentaré exponer el mundo espiritual de esta manera: el último avance de la cinematografía, es la proyección de películas en 6D. Esa es la nueva tendendencia y cada día más salas de cine estarán equipadas con esta tecnología [17] . En una proyección en 3D, los ojos experimentan una gran cercanía a la realidad y los oídos son rodeados de un sonido envolvente. Sin embargo, con la nueva tecnología se suma a estos efectos otros, como por ejemplo: que la temperatura del lugar suba o baje según la escena de la película, que llueva o nieve, o que sople un viento extremo en la sala si esto está ocurriendo en la película. Las sillas se mueven a la misma velocidad y con la misma intensidad que en la película y todos los sentidos quedan involucrados como si se estuviera viviendo en el momento y en el lugar de la proyección. Vivir en el mundo natural equivale a ver una proyección en blanco y negro y en dos dimensiones, mientras la realidad del mundo espiritual, es como ver la misma proyección pero en 6D. El Apóstol Pablo describe el mundo espiritual en las siguientes palabras:

"Cosas que ojo no vio, ni oído oyó, ni han subido al corazón de hombre *(es decir, que ninguna mente ha pensado antes)* son las que Dios ha preparado para los que le aman." (1 Cor. 2:9) <cursiva del autor>

Si después de experimentar un tiempo de crisis y de haber salido en victoria, no terminan haciendo de ti una persona más sensible a las cosas espirituales, una persona más celestial y menos terrenal, la crisis no habrá cumplido su objetivo más importante que es romper con el dominio y el gobierno del hombre exterior, es decir, el hombre natural, y hacer vivir al hombre interior, es decir, al hombre espiritual. Ser espiritual no tiene nada que ver con una vida mística o de monasterio, ni con una vida de legalismo (de leyes ridículas). Tampoco tiene que ver con aislarse y apartarse de todo y de todos.

Jesús vivió sus tres años de ministerio rodeado de personas, de los problemas de esas personas, y de las necesidades de esa personas. Comió con los borrachos y las prostitutas. Fue el refugio y el consuelo del más rechazado y el más marginado. Ser espiritual es haber experimentado el quebrantamiento por medio de una crisis, y haber crecido, avanzado y aprendido a vivir dependiendo de Dios y de su poder sobrenatural.

UN PUNTO DE QUEBRANTAMIENTO

Siempre que Dios escoga a alguien para un propósito eterno, y esa persona acceda a aceptar la voluntad de Dios, más tarde o más temprano (y no hay manera de que esto no suceda) esa persona experimentará un tiempo de duros quebrantamientos y tratos que pueden llevarle al límite de lo soportable e imaginable.

Le sucedió a Jacob huyendo de Esaú, a José vendido por sus hermanos, a Moisés huyendo de Faraón y de Egipto, a David escapando de Saúl, a Esther y a Mardoqueo enfrentando la persecución de Aman, a Rut y Noemí huyendo de una hambruna, a Jonás dentro del vientre de un pez, a Daniel durmiendo con los leones, a Pablo y Silas encadenados en una injusta prisión. Yo también tengo en mi memoria unas cuantas noches de las que pudiera dar testimonio. Pozos, leones, lanzas, horcas, hornos de fuego, peces gigantes, hambrunas, cárceles, cadenas. Todas esas crisis lograron transformar las vidas de personas que necesitaban de ellas para alcanzar su propósito.

Y es que los propósitos de Dios son eternos y se alimentan de la eternidad. Alguien que pretende hacer cosas grandes para un Dios eterno, con la realidad de la tierra, con el mismo carácter de siempre y los mismos vicios de siempre, nunca será efectivo en su propósito, a diferencia de alguien que luego de un quebrantamiento se conectó para siempre con la realidad del cielo y aprendió el verdadero significado de lo que es vivir por fe.

> "LAS CRISIS PRODUCEN CONEXIÓN ENTRE EL ESPÍRITU DE DIOS Y EL ESPÍRITU DEL HOMBRE. ENTRE EL CIELO Y LA TIERRA. ENTRE EL DESORDEN NUESTRO Y EL ORDEN DE DIOS."

Trastornos, quebrantamiento, desorden, dolor, angustia, incomprensión, persecución, injusticia pueden transformarse en la receta perfecta para ir más allá de este mundo y experimentar la realidad del cielo aquí en la tierra. Y es que las crisis producen conexión entre el Espíritu de

Dios y el espíritu del hombre. Entre el cielo y la tierra. Entre el desorden nuestro y el orden de Dios.

UNA CARGA DE ETERNIDAD

La Biblia dice que Dios puso eternidad en el corazón del hombre (Ec. 3:11). Sin embargo, en la medida que crecemos, esa eternidad comienza a distorsionarse, deteriorarse y sepultarse por causa de las prioridades de este mundo, el uso de nuestros sentidos naturales, el pecado, la pérdida de la inocencia y la razón. El día que Adán y Eva perdieron su inocencia, también perdieron la eternidad completa y solo les quedó una eternidad parcial, pero no total.

Esto lo he podido comprobar jugando en el parque con mi hijo, y observando cómo lo imaginario, para él, es real. Tan real como lo era para mí cuando tenía su edad. Es asombroso ver cómo su bicicleta se convierte en un auto de fórmula uno o en una nave espacial en cuestión de segundos, o cómo un pequeño alcantarillado se convierte en un gran obstáculo que solo podrá vencerse usando super poderes especiales. Pero, ¿porqué lo imaginario es una realidad para él y no lo es para mí hoy? ¿Cómo es que su concepción de la realidad y mi concepción de la realidad son tan diferentes? Porque los niños, tienen menos años en la tierra, hace menos tiempo que vinieron de la eternidad, y en sus corazones, la inocencia los mantiene conectados a un vínculo eterno. Aún hay mucho del cielo en ellos y poco de la tierra. Todavía tienen mucha información de allá y poca información de acá. Para ellos su lado sobrenatural es tan real como su lado natural.

La imaginación es una de las manifestaciones de la fe en la tierra. Tiene que ver con soñar. Es poder ver lo que no se ve, oír lo que no se oye y vivir lo que en realidad no existe. Algunos israelitas en medio de sus peores crisis, estando cautivos en Babilonia cantaban:

"Cuando Jehová hiciere volver la cautividad de Sion, seremos como los que sueñan." (Salmos 126:1)

Hoy te invito a hacer una oración para que Dios te revele su propósito en medio de la crisis. Que los tiempos difíciles se conviertan en llaves que produzcan poder para avanzar, conquistar, ensancharte y crecer en la comunión con Dios, con el cielo y con su voluntad.

Resumen del Capítulo Trece

- Una palabra, siempre determina, delimita, fortalece o debilita un territorio.

- El poder de la palabra actúa en el mundo espiritual primero y en el mundo natural después.

- Todo lo que sucede en el mundo espiritual se refleja en menor medida en el mundo natural y solo podemos acceder al conocimiento de las cosas celestiales por medio de la revelación.

- Y es que los propósitos de Dios son eternos y se alimentan de la eternidad. Alguien que pretende hacer cosas grandes para un Dios eterno, con la realidad de la tierra, con el mismo carácter de siempre y los mismos vicios de siempre, nunca será efectivo en su propósito.

- La imaginación es una de las manifestaciones de la fe en la tierra. Tiene que ver con soñar. Es poder ver lo que no se ve, oír lo que no se oye y vivir lo que en la realidad aún no existe.

CAPÍTULO **CATORCE**

PELIGROS EN MEDIO DE CRISIS

"Eliseo volvió a Gilgal cuando había gran hambre en la tierra. Y los hijos de los profetas estaban con él, por lo que dijo a su criado: Pon una olla grande, y haz potaje para los hijos de los profetas. Y salió uno al campo a recoger hierbas, y halló una como parra montés, y de ella llenó su falda de calabazas silvestres; y volvió, y las cortó en la olla del potaje, pues no sabía lo que era. Después sirvió para que comieran los hombres; pero sucedió que comiendo ellos de aquel guisado, gritaron diciendo: ¡Varón de Dios, hay muerte en esa olla! Y no lo pudieron comer. Él entonces dijo: Traed harina. Y la esparció en la olla, y dijo: Da de comer a la gente; y no hubo más mal en aquella olla."
(2 Reyes 4:38-41)

Este es un excelente cuadro para aprender acerca de los peligros en medio de las crisis. En medio de una terrible hambruna, en donde la tierra estaba sacudida por la escasez y la miseria a causa del pecado, la idolatría y el corazón endurecido del pueblo de Israel, nos encontramos con una compañía de profetas tratando de sobrevivir en el caos y la pobreza y al profeta Eliseo, en medio de ellos, supliendo las necesidades básicas de sus hijos en tiempos difíciles.

Una persona, posiblemente uno de la compañía de profetas, salió al campo a recoger hierbas, pero encontró algo como una parra montés, que terminó siendo fatalmente tóxica. Se cree que era una especie de calabaza de aspecto agradable, pero de sabor amargo y mortal.

DECISIONES SOLITARIAS, DECISIONES PELIGROSAS

El problema número uno fue que salió solo. Y en medio de una crisis, tomar decisiones solo puede

> "CUANDO ATRAVIESAS TIEMPOS DE CRISIS, ALGUIEN MÁS PODRÍA AQUELLO QUE TÚ NO VES."

tener consecuencias impredecibles. Cuando atraviesas tiempos de crisis, alguien más podría ver lo que tú no ves, alguien más podría oír, lo que tú no oyes, y alguien más podría discernir, lo que tú no disciernes. Muchas personas experimentan problemas, derrotas y fracasos en su vida, por causa de vivir en soledad y decidir en soledad.

Después de estas cosas, designó el Señor también a otros setenta, a quienes envió de dos en dos delante de él a toda ciudad y lugar adonde él había de ir." (Lucas 10:1)

No todo lo que parece bueno y tiene apariencia de bueno, será bueno para tu vida y tu propósito. En los tiempos de crisis, tendemos a ver las cosas buenas como malas, y a las cosas malas como buenas, y es que en medio de la necesidad siempre aparecen alternativas que parecen oportunas e inmejorables, pero que terminan siendo de muerte.

OBEDIENCIA EN TIEMPOS DE CRISIS

El trabajo de este hombre era buscar hierbas, porque ya Dios tenía la provisión lista, sin emabrgo terminó trayendo frutos amargos y tóxicos. Cada vez, que en medio de una crisis, Dios te envía a hacer algo específico, la medida de obediencia determinará el nivel de bendición más allá de la intención. Una persona desenfocada de este principio, pero aún con buenas intenciones, puede poner en peligro su propia vida, la vida de sus seres queridos, y si tiene un ministerio, la vida de su congregación. Es mejor un potaje aguado con hierbas, que un potaje espeso con calabazas venenosas.

Alguien dijo un día estas sabias palabras: "El lugar más lleno de gente con buenas intenciones… es el infierno".

En medio de la crisis, y sobretodo si hablamos de crisis prolongadas, tarde o temprano aparecerá un componente muy peligroso llamado desesperación. Está comprobado que la mayoría de las personas que se ahogan en el agua, no se ahogan por causa de la profundidad o la distancia a que se encuentran de la costa, sino por causa de la desesperación. Si permites que la desesperación se instale en tu mente, te llevará a tomar decisiones extremas completamente equivocadas, y si permites que gane y ocupe espacio, tarde o temprano te enceguecerá aún frente a las cosas más obvias. Una persona desesperada es una persona ciega, y si tomas decisiones movido por la desesperación y las circunstancias del momento, tu olla podrá convertirse en una olla de muerte.

> "LA DESESPERACIÓN ES PELIGROSA EN TIEMPOS DE CRISIS."

LAS CONSECUENCIAS DE LAS MALAS DECISIONES.

Las crisis pasan, pero las consecuencias de las malas decisiones adoptadas en medio de una crisis, no. Los hombres del campamento gritaron que había muerte en aquella olla. Todos se dieron cuenta que había muerte en esa olla, menos el que había traído la muerte a la olla.

No empeñes tu futuro ni el futuro de tus hijos, por tomar decisiones bajo la influencia de la desesperación. Cuando una persona actúa bajo esta influencia, se convierte en una persona peligrosa. Es decir, el

> "No empeñes tu futuro ni el futuro de tus hijos por tomar decisiones bajo el efecto de la desesperación."

peligro mayor de una persona sin discernimiento y desesperada, es que esa misma persona se convierte en un peligro, no solo para su propia vida, sino también para los demás. No dejes que una persona desesperada venga a contaminar la provisión del cielo para ti.

UN ATENTADO CONTRA EL ORDEN PROFÉTICO

En medio de una nación desviada y perdida detrás de los falsos dioses y los ídolos, el infierno tenía preparado un plan de muerte contra los pocos escogidos de Dios que aún tenían vida y representaban la luz y el gobierno de Dios para Israel. Sin embargo, fue en medio del caos y de la crisis que Dios estableció un hombre de Reino para establecer el orden de Dios en medio del problema. El profeta Eliseo representa al hombre de Dios en su propósito, mientras que el juntador de calabazas tóxicas, es figura del individuo que hace lo que quiere, cuando quiere y como quiere. Ni siquiera sabemos su nombre, lo cual nos dice que no hizo historia por lo bueno, sino por lo malo. Mientras que uno es movido por determinación, el otro se mueve por desesperación.

Casarte con la persona equivocada por desesperación, traerá muerte a tu olla. Endeudarte a tasas de usura por desesperación, hipotecará tu futuro y te atará a la deuda. Hablar palabras de maldición y destrucción por desesperación, traerá muerte a tu olla. La desesperación actúa por impulso, y todo lo que se hace por impulso, dura poco y termina mal.

"Porque el reino de Dios no es comida ni bebida, sino justicia y paz y gozo en el Espíritu Santo."   *(Romanos 14:6)*

EL PELIGRO DE LA DESESPERACIÓN

En medio de una crisis, evita desesperarte y rodearte de personas desesperadas y desesperantes que piensan, hacen y dicen cualquier cosa. La persona desesperada es cambiante e inconstante. Un día dice algo, otro día dice otra cosa, y al otro día vuelve a cambiar. No tiene una dirección clara, no camina en una Palabra de Dios y no puede enfocarse porque no sabe para donde ir.

En medio de una crisis, como nunca, tienes que pegarte y estar cerca de un hombre de Dios, que como Eliseo, tenga harina. El profeta tenía

> "EN MEDIO DE UNA CRISIS, COMO NUNCA, TIENES QUE PEGARTE Y ESTAR CERCA DE UN HOMBRE DE DIOS."

harina, y fue la harina la que resolvió el problema del potaje venenoso. El dinero puede ser útil en tiempos de bonanza, pero en medio de la escasez y de la hambruna, nada es más valioso que la harina y el pan, y donde hay un hombre de Dios, hay harina y hay pan.

Hay crisis en tu vida que el dinero no las resolverá. Toda la riqueza del mundo junta, no puede arreglar y restaurar un matrimonio destruido. Ante ciertas enfermedades, todo el poder del mundo se vuelve insignificante e intrascendente. Necesitas la harina que solo un verdadero hombre de Dios tiene.

UN MANTO TRANSFORMADOR DE REALIDADES

El profeta estaba allí porque sus hijos tenían hambre. Siempre que tengas hambre genuina y verdadera en medio de una crisis, Dios enviará a un Eliseo para que desate orden y provisión. Una persona que rechaza un manto profético, comerá siempre de las opciones y de las alternativas de la muerte, porque donde no hay un manto profético y apostólico, el potaje será de muerte.

Donde no hay harina, tampoco hay cambios reales, visibles y tangibles. No todos los que dicen ser de Dios, tienen harina de Dios como para transformar maldiciones en bendiciones, muerte en vida, enfermedad en sanidad, dolor en alegría, pobreza en riqueza, pero el verdero manto, sí la tiene. Un verdadero hombre de Dios es un transformador de realidades. Por eso, en medio de la crisis, asegúrate de tener cerca a un hombre de Dios, que tenga harina suficiente para quitar todo el mal de tu olla, de tu casa y de tu vida.

> "UN VERDADERO HOMBRE DE DIOS, ES UN TRANSFORMADOR DE REALIDADES"

RESUMEN DEL CAPÍTULO CATORCE

- Cuando atraviesas tiempos de crisis, alguien más podría ver lo que tú no ves, alguien más podría oír, lo que tú no oyes, y alguien más podría discernir, lo que tú no disciernes.

- Muchas personas experimentan problemas, derrotas y fracasos en su vida por causa de vivir en soledad y decidir en soledad.

- No todo lo que parece bueno y tiene apariencia de bueno, será bueno para tu vida y tu propósito. En los tiempos de crisis, tendemos a ver las cosas buenas como malas, y a las cosas malas como buenas.

- Si permites que la desesperación se instale en tu mente, la desesperación te llevará a tomar decisiones extremas completamente equivocadas, y si permites que gane y ocupe espacio, tarde o temprano te enceguecerá aun frente a las cosas más obvias.

- Cuando una persona actúa bajo la influencia de la desesperación, se convierte en una persona peligrosa.

CAPÍTULO **QUINCE**

LA ECONOMÍA DE DIOS EN TIEMPOS DE CRISIS

"Y tomó Jesús aquellos panes, y habiendo dado gracias, los repartió entre los discípulos, y los discípulos entre los que estaban recostados; asimismo de los peces, cuanto querían. Y cuando se hubieron saciado, dijo a sus discípulos: Recoged los pedazos que sobraron, para que no se pierda nada." (Juan 6:12)

Estamos frente a uno de los milagros más asombrosos y comentados de Jesús. Este es el único milagro que se narra en los cuatro Evangelios, y marca un antes y un después en el ministerio de Jesús y en su fama alrededor de Galilea, no solo por la controversia y la rapidez con que se dio a conocer la noticia, sino también porque fue un milagro progresivo. Este milagro está cargado de revelación, enseñanza y verdades que transforman. Luego de agotadoras jornadas de trabajo, ministración, impartición y enseñanza, Jesús y sus discípulos se subieron a la barca para cruzar al otro lado del mar de Galilea. La gente estaba tan maravillada por todo lo que estaba sucediendo, que bordeó el mar de Galilea y cuando Jesús llegó al otro lado del mar, una multitud de hombres, mujeres y niños ya estaban allí esperándole. Y ahí comienza nuestra historia:

"Y salió Jesús y vio una gran multitud, y tuvo compasión de ellos, porque eran como ovejas que no tenían pastor; y comenzó a enseñarles muchas cosas." (San Marcos 6:34)

La palabra *compasión* que se traduce del griego significa: *'conmoverse hasta las entrañas'*. Nunca pienses que tus necesidades, tus circunstancias y tus problemas económicos no conmueven a Dios. Dios no está ajeno a las necesidades de sus hijos, pero su intención va más allá de la sola provisión. La intención de Dios es desatar sobre tu vida una unción de multiplicación que tiene mucho que ver con el cielo y poco que ver con la tierra. Se busca aquí, se origina allá, y es capaz de multiplicar todo aquí. La motivación de este extraordinario milagro de provisión, fue el amor de Jesús por los que no tienen pero quieren, necesitan y están dispuestos. Jesús no quiere verte en pobreza, ni en hambruna, ni en escasez, ni en necesidad. Si el poder de su bendición y de su amor fue suficiente para alimentar a una inmensa multitud, también es suficiente para alimentarte a ti y a tus generaciones.

PRINCIPIOS DE MULTIPLICACIÓN

"¿De dónde compraremos pan para que coman estos?" (San Juan 6:5)

Dios no necesita dinero para resolver tu problema de dinero. Dios necesita personas dispuestas a creer, que aunque venga la noche y no haya provisión natural cerca, su poder va más allá que las circunstancias que vemos, y actúa a través de la fe, donde no vemos. Si Él es el dueño del oro y de la plata, si sus calles son de oro, si su mar es de cristal, si por su sola palabra fue creado el universo y todos los seres vivientes, ¿acaso no puede y no quiere bendecirte y prosperarte?

La economía del Reino

En la economía del Reino, no es el dinero, ni el oro, ni la plata la moneda de cambio. La moneda de intercambio entre el cielo y la tierra es la fe. Solo la fe puede comprar las bendiciones del cielo y traerlas a la tierra. Toda transacción que se hace entre el cielo y la tierra, se paga con fe. Luego de la caída del hombre,

> "La fe es la moneda de intercambio entre el cielo y la tierra."

la fe es el medio de conexión que Dios estableció como único recurso válido para acceder a las dimensiones celestiales.

"A todos los sedientos: Venid a las aguas; y todos los que no tienen dinero, venid, comprad y comed. Venid, comprad sin dinero y sin precio vino y leche."   *(Isaías 55:1)*

Adán y Eva no necesitaron la fe estando dentro del Edén, pero una vez que fueron expulsados, Dios estableció una economía de intercambio basada en la fe, para que a pesar de su pecado y error, no estuvieran completamente solos. Por eso, la fe sobrenatural tiene tres características, según Hebreos 11:1 es certeza y convicción, opera y trae a la existencia lo que no es para que sea, lo que no se ve para que se vea, y es ahora. Eso significa que está sincronizada con el tiempo de la eternidad y que es un presente contínuo. La fe no tiene que ver con el futuro, sino con el presente. Para el futuro operan la confianza y la esperanza, pero para el ahora, opera la fe, porque la escencia de la fe, es el ahora. Todo lo que no es ahora no es fe, sino confianza.

LA PROVISIÓN ES AHORA

La multitud no podía comer el lunes de la próxima semana. El milagro tenía que ser en el ahora. Hay hechos sobrenaturales que estarán determinados y establecidos por medio de la fe, y otros hechos estarán determinados y establecidos por medio de la confianza. No hay duda de que en la multitud se respiraba una atmósfera sobrenatural de fe. Habían visto muchos milagros y sabían que había algo más. No se quejaron ni tampoco se fueron. Muchas personas se retiran antes de experimentar la mejor parte, y aunque ellos habían visto milagros extraordinarios, aún faltaba el milagro más extraordinario. Donde hay hambre y sed por experimentar lo sobrenatural de Jesús, siempre estará Jesús para sorprendernos con un milagro creativo.

"Buscad a Jehová mientras pueda ser hallado, llamadle en tanto que está cercano." (Isaías 55:6)

DIOS YA SABE QUÉ HARÁ Y CÓMO LO HARÁ

"Él ya sabía lo que habría de hacer." (San Juan 6:6)

Aunque tú no sepas qué hacer, Jesús siempre sabe qué hacer. Aunque tú no sepas de dónde vendrá el milagro, Jesús ya sabe de dónde, cómo y cuándo vendrá el milagro. No se trata de si vendrá o no, sino de cuándo vendrá. Aunque tu no tengas nada, Jesús sí lo tiene todo. Jesús ya sabe lo que habrá de hacer en tu economía. Él es el mejor economista, y es el mejor financista. Los grandes desórdenes de nuestra economía, son excelentes oportunidades para que Dios establezca su orden, y junto con su orden, su reino.

PROVISIÓN VISIBLE Y TANGIBLE

"Cuando anochecía." (Mateo 14:15)

Aunque ya casi el sol se haya ocultado, y venga la noche, la respuesta de Dios siempre viene en el momento oportuno. El milagro tenía que ser

> "LA NOCHE NO CAERÁ SOBRE TU VIDA SIN QUE DIOS HAYA RESPONDIDO A TU CLAMOR Y A TU NECESIDAD."

visible para todos. La multiplicación tenía que ser literal y palpable. La noche no caería sin que toda esa gente comiera. La noche no caerá sobre tu vida sin que Dios haya respondido a tu clamor con la provisión de aquello que no tienes. Hay un milagro creativo de multiplicación sobrenatural sobre tu vida antes de que el sol se ponga y será visible para ti, para tus generaciones y para todos los que te rodean.

"Felipe le respondió: doscientos denarios no bastarían para que cada uno de ellos tomase un poco."   (San Juan 6:7)

Tiempo después, Jesús le diría a Felipe: "Estoy hace tanto tiempo con ustedes y ¿aún no me conoces?" Frente a la necesidad del hombre, los recursos naturales son extremadamente limitados. Aun lo que es mucho para ti, siempre será insuficiente frente a la necesidad humana. La necesidad del ser humano, nunca será completamente satisfecha utilizando medios naturales, pues solo la provisión sobrenatural va más allá de las necesidades y provee propósito. Dios no piensa en términos de necesidad, sino en términos de propósito.

NECESIDAD VS. PROPÓSITO

Cuando una persona busca satisfacer sus necesidades, una vez que una de sus necesidades sea satisfecha, inmediatamente aparecerá otra, y luego otra, y toda su vida vivirá en insatisfacción. En cambio, cuando una persona persigue su propósito, Dios suple sus necesidades y provee todos los recursos para alcanzar el cumplimiento. El propósito del cielo para ti es sobrenatural, por tanto, la provisión del cielo para ti, también es sobrenatural. Muchas personas no comprenden qué es lo natural, y qué es lo sobrenatural: los panes y los peces del joven eran naturales. Pero luego de la bendición y el milagro de la multiplicación hecho por Jesús, los panes y los peces que comió aquella multitud se convirtieron en sobrenaturales.

EL PRINICPIO DE LA MULTIPLICACIÓN

Todo lo que Dios mutliplica, tiene su origen en la bendición del cielo, en cambio, todo aquello por lo que luchas y no sale, por lo que peleas y no ves el resultado, y por lo que te cuesta y siempre se va en saco roto y se termina perdiendo, tiene que ver con la maldición de la tierra. El cielo es un lugar de bendición y todo lo que tiene que ver con el cielo, es sobrenatural.

> "EL PAN QUE VIENE DEL CIELO, ESTÁ EN PERMANENTE ESTADO DE MULTIPLICACIÓN."

La tierra, por causa del pecado, es un lugar de maldición. En el jardín del Edén, todo estaba en estado de cosecha y en el cielo también todo está en estado de cosecha.

"Venga tu reino. Hágase tu voluntad, como en el cielo, así también en la tierra. El pan nuestro de cada día, dánoslo hoy." (Mateo 6:11)

Cuando el Reino de Dios viene, se establece el patrón de la economía del cielo, y cuando alguien vive bajo ese patrón, el pan de cada día, lo tendrá hoy. No mañana, no pasado, no la próxima semana, sino hoy, en el ahora. El Reino de los cielos funciona en el ahora. Tu pan puede venir de la tierra, o del cielo, y si es del cielo, siempre estará en permanente estado de mutiplicación, porque la economía de Dios, es una economía en permanente estado de cosecha. Muchas veces no experimentamos un rompimiento financiero sobrenatural, porque seguimos barajando opciones de la tierra, pero cuando se terminan las opciones de lo natural, es donde puede comenzar a operar lo sobrenatural de Dios.

En la economía sobrenatural de Dios:

- Se compra sin dinero.
- El pan de hoy, viene hoy.
- El rompimiento es ahora.
- Lo poco de tus manos, se transforma en mucho en las manos de Dios.
- Todo funciona bajo el principio de la bendición.
- Opera bajo el prinicipio de la inocencia.

LA MALDICIÓN DE LA MISERIA

"Aquí está un muchacho, que tiene cinco panes de cebada y dos pecesillos; mas ¿qué es esto para tantos?" (Juan 6:9)

Hay mucha gente que tiene, pero retiene. Pueden, pero no hacen. La miseria no tiene que ver con el pobre que no tiene, sino con el que sí tiene pero retiene. No se puede ser miserable con algo que no se tiene, en cambio, todo tipo de retención y acumulación, tiene que ver con la miseria. El sacrificio de ese niño, vino a ser la bendición de miles. Ese es el poder de una actitud de fe. Alguien dio un paso. Alguien dijo: "Tengo esto, pero Jesús tiene lo que yo no tengo. Puedo esto, pero Jesús puede lo que yo no puedo." No fue una mujer ni un hombre adulto, no fue un anciano, no fue un sacerdote, fue un niño. Y es ahí, donde vemos en operación el principio de la inocencia.

EL PRINCIPIO DE LA INOCENCIA

Es la inocencia lo que el hombre pierde al crecer, fue la inocencia lo que el diablo le robo a Adán y Eva cuando pecaron, y es la inocencia, o la falta de ella, lo que determina una actitud potencialmente multiplicadora. Si me acompañas a los primeros años de tu infancia, tal vez te sea fácil recordar que en más de una ocasión no necesitabas ver las cosas para creer y jugar con aquello que no veías. Muchos de nosotros crecimos con caballos imaginarios, con carreras imaginarias y representando personajes imaginarios. Para muchos niños, su imaginación cobra un estado casi real, o

> "LA INOCENCIA ES UNA PODEROSA SEÑAL DE RESTAURACIÓN."

muchas veces real. La imaginación de un niño, tiene mucho que ver con la inocencia, y la inocencia, tiene mucho que ver con la fe. Una de las señales más poderosas de la restauración de Dios en una vida, es la inocencia. Tu tienes los panes y los peces, y Jesús tiene la bendición de la multiplicación, no se necesita más nada: el milagro está a punto de suceder.

En una oportunidad, había dejado en mi casa un dinero para pagar mis tarjetas de crédito, pero por un error y por un malentendido, el dinero tuvo otro destino y fue destinado a otra cosa. Faltaban pocos días para partir a una misión en África y estaba con miles de cosas en la cabeza. Entonces me enojé. Para ser honesto, me enfurecí. Tal vez a ti no te pase, pero yo estaba muy enojado, al borde del abismo de la ira y con los ojos rojos. No eran precisamente bendiciones ni maravillosas palabras de gozo las que invadían mi mente, sino otro tipo de pensamientos y palabras eran las que salían de mi boca como un río tormentoso y revuelto. Era un enojo ciego y sordo. Ni veía, ni oía, ni entendía razones hasta que mi hijo de seis años vino, me abrazó, y sacó dos dólares de su bolsillo, y me dijo: "Papi, no te preocupes, yo tengo dinero para que vayas al banco y pagues tus cuentas." El silencio inundó la casa, y me sentí avergonzado. Una lección de inocencia que jamás olvidaré.

Lo poco en tus manos, se puede transformar en mucho si pasa por las manos correctas. En las manos incorrectas y con la actitud incorrecta, lo poco será más poco aún, pero en las manos correctas y con un corazón inocente, no existe forma imaginable alguna, de que el milagro que necesitas no acontezca.

RESUMEN DEL CAPÍTULO QUINCE

- La intención de Dios es desatar sobre tu vida una unción de multiplicación que tiene mucho que ver con el cielo y poco que ver con la tierra.

- La fe es el medio de conexión que Dios estableció como único recurso válido para acceder a las dimensiones celestiales luego de la caída del hombre.

- La fe no tiene que ver con el futuro, sino con el presente. Para el futuro operan la confianza y la esperanza, pero para el ahora, opera la fe, porque la esencia de la fe, es el ahora. Todo lo que no es ahora no es fe, sino confianza.

- Aunque tú no tengas nada, Jesús sí lo tiene todo. Jesús ya sabe lo que habrá de hacer en tu economía. Él es el mejor economista, y es el mejor financista. Los grandes desórdenes de nuestra economía, son excelentes oportunidades para que Dios establezca su orden, y junto con su orden, su reino.

- La imaginación de un niño, tiene mucho que ver con la inocencia, y la inocencia, tiene mucho que ver con la fe. Una de las señales más poderosas de la restauración de Dios en una vida, es la inocencia.

CAPÍTULO **DIECISÉIS**

EL ORDEN DE DIOS
EN TIEMPOS DE CRISIS

"Y les mandó a que hiciesen recostar a todos los grupos sobre la hierba verde. Y se recostaron por grupos, de ciento en ciento y de cincuenta en cincuenta." (Marcos 6:40)

EL ORDEN LLAMA A LA PROVISIÓN

Antes de multiplicar, Jesús estableció un orden. Antes de la bendición grande, Dios organiza todos los aspectos de nuestra vida, aún los más pequeños. La bendición de Dios no puede desatarse donde hay caos y desorden.

"Y la tierra estaba desordenada y vacía, y el Espíritu de Dios se movía sobre la faz de las aguas." (Génesis 1:2)

Dios está en constante y permanente movimiento. Si crees que Dios es una nube estática e inmóvil, es el concepto más errado que puedes tener de Dios. Dios se está moviendo porque está buscando a un hijo y a una hija a quien pueda bendecir, con quien pueda relacionarse, a quien pueda amar y de quien pueda recibir amor. A lo largo de las Escrituras se revela como el creador, como el sanador, como el juez justo, como el proveedor, como el defensor, como el amor, como la paz, como el guerrero, como el padre amoroso. El Espíritu de Dios siempre se mueve donde hay orden, pero nunca donde hay desorden. La tierra estaba desordenada y vacía, por tanto el Espíritu de Dios no se movía en ella.

BUSCANDO LO PERDIDO

Lucas 15 nos habla sobre tres parábolas que tienen mucho en común: una oveja perdida, una moneda perdida y un hijo perdido. La oveja perdida, por la cual su pastor deja el resto del rebaño para ir a rescatarla, tiene que ver con una pérdida involuntaria y nos habla del amor de Jesús en dejarlo todo para rescatarnos y salvarnos de la condenación eterna y del infierno. La moneda perdida, se trata de una mujer que tenía diez dracmas y que luego de encender la lámpara y barrer la casa, busca con diligencia hasta encontrarla. Esto tiene que ver con una

> "ANTES DE LA BENDICIÓN, SIEMPRE VENDRÁ EL ORDEN Y LA LIMPIEZA."

pérdida negligente por causa de la oscuridad, la suciedad y el desorden. El hijo pródigo, nos habla de la historia de un joven que reclama la herencia de su padre y se pierde en el pecado y en las tinieblas de este mundo. Esto tiene que ver con una pérdida voluntaria y conciente. En las dos primeras parábolas alguien buscó (a la oveja y a la moneda), pero en la tercera parábola, nadie fue a buscar al hijo pródigo, sino que volvió por sí mismo.

Esto nos revela que hay cosas que Dios sí puede y sí va a ordenar, pero que existen otras cosas que absolutamente nadie, a no ser tú y yo, podremos ordenar de nuestras propias vidas. La mujer que perdió el dracma, encendió la lámpara para buscarla. La encendió porque la tenía apagada. Mientras tu lámpara esté apagada, y tu casa en desorden, tendrás pérdidas inevitables. La luz de la lámpara nos habla de la Palabra de Dios y el aceite de la lámpara, nos habla de la unción de Dios. Si la unción de Dios viene sobre ti, pero no te lleva a cambiar aspectos de tu vida que están en real desorden, lo que experimentaste no fue una unción genuina, sino una emoción pasajera. Estas son las personas que siempre son tocadas por Dios, pero no cambiadas. Cuando la lámpara de Dios se enciende, el orden se torna inevitable, la limpieza se vuelve obligatoria, y todo lo que está perdido aparece.

Antes de la bendición, siempre vendrá el orden y la limpieza. Era necesario que el hijo pródigo experimentara la vergüenza, la humillación y el quebrantamiento para poder volver a la casa del padre con un corazón transformado y dispuesto a recomponer y restaurar la relación con su padre. Esas son crisis que transforman. Era necesario que a la mujer se le perdiera ese dracma, para que su casa dejara de estar sucia, en tinieblas y en completo desorden.

Cuando Dios quiere llamar tu atención en un área, hará que las noventa y nueve ovejas permanezcan seguras, pero hará que salgas a poner orden, por una. Permitirá que nueve dracmas estén a la vista, pero una sea la que se pierda. Muchas veces la crisis no afecta toda nuestra vida, sino una parte de ella, y es con el objetivo de que Dios establezca su orden y su reino, en medio del desorden y del desgobierno. Dios no tiene un compromiso con aquello que creamos o que pensemos, sino con aquello que Él dice y Él piensa de nosotros, y aunque todas las circunstancias señalen lo contrario, Él piensa liberarte, hacerte libre. Él piensa quitarte las cadenas de la deuda, de la escasez, de la pobreza y transformar esa cautividad en una libertad gloriosa.

"Porque yo sé los pensamientos que tengo acerca de vosotros, dice Jehová, pensamientos de paz, y no de mal, para daros el fin que esperáis. Entonces me invocaréis, y vendréis y oraréis a mí, y yo os oiré; y me buscaréis y me hallaréis, porque me buscaréis de todo vuestro corazón. Y seré hallado por vosotros, dice Jehová, y haré volver vuestra cautividad."

(Jeremías 29:11-14)

LA MANIFESTACIÓN DEL ORDEN DE DIOS

Cuando quieras la genuina bendición de Dios, que se traduce en multiplicación, recuerda poner en orden tu casa y toda tu vida. Dios no puede multiplicar aquello que primero no ordena. Muchas bendiciones están en tu vida a punto de ser soltadas y multiplicadas, pero están retenidas por causa del desorden.

"Dios no es Dios de confusión, sino de paz."

(1 Corintios 14:33)

- El orden de Dios se manifiesta en el dar.
- El orden de Dios se manifiesta en el diezmar.
- El orden de Dios se manifiesta en las prioridades.
- El orden de Dios se manifiesta en la honra.
- El orden de Dios se manifiesta en la fidelidad y en el enfoque al llamado que te dio.
- El orden de Dios se manifiesta en la forma y el motivo por el que te endeudas.
- El orden de Dios se manifiesta en el destino y en la forma en que gastas el dinero.
- El orden de Dios se manifiesta en la forma en que provees para tu casa.

El milagro de la multiplicación fue el establecimiento de un prinicpio inamovible del Reino, y este es el principio de la multiplicación.

BENDICIÓN QUE TRAE MULTIPLICACIÓN

"... Y levantando los ojos al cielo, bendijo y partió y dio panes a los discípulos. y los discípulos a la multitud."   *(Mateo 14:19)*

Jesús bendijo los panes y los peces porque todo aquello que es bendecido, será multiplicado. No oró por los panes y los peces, no profetizó sobre los panes y los peces, sino que los bendijo. Por medio de la bendición, colocó en ellos una carga celestial de fuerza, poder y eternidad que volvió a ponerlos en estado de cosecha, como al principio, como en el Edén. El milagro de la multiplicación tuvo que ver con un regreso al diseño original de Dios.

Las habilidades y capacidades del primer Adán, ahora venían a manifestarse en el segundo Adán. Los hombres de la multitud se cansaron de comer, pero los panes no se cansaron de multiplicarse.

> `NO EXISTE MULTIPLICACION SIN BENDICIÓN, Y NO EXISTE BENDICIÓN SIN MULTIPLICACIÓN."

- **Tus años de vida.** *"Oye, hijo mío, y recibe mis razones, y se te multiplicarán años de vida." (Proverbios 4:10)*

- **Tu calidad de vida y la de tus hijos.** *"Y todos tus hijos serán enseñados por Jehová; y se multiplicará la paz de tus hijos." (Isaías 54:13)*

- **La honra y el honor.** *"Y saldrá de ellos acción de gracias, y voz de nación que está en regocijo, y los multiplicaré, y no serán disminuidos; los multiplicaré, y no serán menoscabados."* (Jeremías 30:19)

- **La riqueza y los recursos económicos.** *"Multiplicaré sobre vosotros hombres y ganado, y serán multiplicados y crecerán; y os haré morar como solíais antiguamente, y os haré mayor bien que en vuestros principios; y sabréis que yo soy Jehová."* (Ezequiel 36:11)

- **La paz, la salud y la comunión.** *"Y haré con ellos pacto de paz, pacto perpetuo será con ellos; y los estableceré y los multiplicaré, y pondré mi santuario entre ellos para siempre."* (Ezequiel 37:26)

- **Tus bienes y los alimentos de tu mesa.** *"Y el que da semilla al que siembra, y pan al que come, proveerá y multiplicará vuestra sementera, y aumentará los frutos de vuestra justicia."* (2 Corintios 9:10)

UN PAN QUE NO DEJÓ DE MULTIPLICARSE

"Recogieron, pues y llenaron doce cestas de pedazos." (Juan 6:13)

Cuando Dios bendice y multiplica algo, la bendición alcanza a los que están con Jesús, y también en este caso a los que no están. Las canastas nos dicen que aun los que no estaban con Jesús comieron y fueron bendecidos por el milagro. Hay un interés genuino de parte de Dios de que su pan se extienda y se coma en las calles, en las plazas, en las ciudades y en todo lugar. La medida de bendición de Dios no es justa ni escasa, sino abundante y generosa.

Jesús es experto no solo en resolución de crisis, sino en hacer que alguien pase de la extrema necesidad, a una generosa abundancia. Era necesario que otros también probaran y conocieran el poder de la bendición y de la multiplicación. No solo se corrió la voz del milagro, sino que gracias a las cestas, se extendió la evidencia y la prueba real de la multiplicación de los panes y los peces. Los panes, debido a la bendición, estaban en estado de cosecha, y no pararon de multiplicarse.

No fueron ni diez, ni once, sino doce las cestas llenas de pan que sobraron luego de que todos comieron. Doce es el número de Dios para establecer orden y un sistema perfecto de gobierno. Dios tomó un pedazo de eternidad, lo llamó tiempo, y lo ordenó en múltiplos de doce. Doce horas para el día, doce horas para la noche y doce meses para el año. Tomó al pueblo de Israel, y estableció un gobierno por medio de doce tribus. Reclutó a doce discípulos a quienes llamó y en quienes imprimió su carácter, su identidad y sus enseñanzas.

UN ORDEN PROFÉTICO DE BENDICIÓN

Esto nos dice que de donde no había nada, sino hambre y necesidad, ahora había quedado establecido un orden profético de bendición y multiplicación para ellos y sus generaciones. Esa noche, cinco mil personas aprendieron a multiplicar sus recursos en tiempos de crisis y nunca más fueron los mismos.

"El Espíritu del Señor está sobre mí, por cuanto me ha ungido para dar buenas nuevas a los pobres; me ha enviado a sanar a los quebrantados de corazón; a pregonar libertad a los cautivos, y vista a

los ciegos; a poner en libertad a los oprimidos; a predicar el año agradable del Señor." (Lucas 4:18)

Un día tiene doce horas y un año tiene doce meses. Las canastas son figura profética de la predicación de las buenas noticias. El año agradable del Señor había comenzado, y su predicación no solo era con palabras, sino también con hechos.

HECHOS QUE CONFIRMAN LA PALABRA

"Y les hablaba del reino de Dios, y sanaba a los que necesitaban ser curados." (Lucas 9:11)

Donde se predica el Reino, y se demuestra aquello que se predica, no es necesario encontrar alimentos en otro lado porque nunca faltará un milagro de multiplicación que sacie tu hambre, tu sed, tu necesidad y se lleve lejos la crisis. El pan de cebada fue multiplicado milagrosamente, sin embargo, eso anunciaba algo mucho mayor: que la multiplicación de la gracia y de la salvación para toda la humanidad era inminente. El orden del Reino de los cielos había llegado a la tierra y ya nada sería igual. Hoy Dios quiere establecer una cultura de reino, de bendición y de multiplicación sobre cada área de tu vida para ti y tus generaciones.

REVELANDO LAS VERDADERAS INTENCIONES

"Pero entendiendo Jesús que iban a venir para apoderarse de él y hacerle rey, volvió a retirarse al monte él solo." (Juan 6:15)

Hay personas que entronan a Jesús en sus vidas, siempre que reciban el pan y la bendición de Jesús. Mientras encuentren lo que buscan en Jesús, Jesús es su rey. Si los sana, Jesús es su rey; si los prospera, Jesús es su rey, pero el día en que Jesús les pide la milla extra, un nivel de compromiso mayor, un sacrificio por seguirlo, Jesús deja de ser el rey, y quitan su corona de rey, para colocarle la corona de espinas. Muchos siguen a Jesús por lo que Jesús da, pero no siguen a Jesús por lo que Jesús es. Aquel que sigue y sirve por interés, no sigue ni sirve por amor, y todo lo que se hace fuera del amor, no permanece.

El milagro de la multiplicación de los panes y los peces no fue solo para saciar su hambre temporal. La intención de Jesús en este milagro era revelarse como el pan de vida del que todo podemos comer. Aquellas personas comieron el alimento de la tierra, bendecido por el cielo, y fueron bendecidos para siempre. Llevaron la multiplicación a sus casas y a sus generaciones.

El milagro que Dios está haciendo ahora en tu vida, es una puerta para que vengan muchos milagros más grandes y más impresionantes, pero ¿es Jesús el rey de tu vida por lo que te da, o te pueda dar; o es el rey de tu vida porque lo amas con todo tu corazón? ¿Qué clase de corona has puesto en la cabeza de Jesús?

RESUMEN DEL CAPÍTULO DIECISÉIS

- Antes de multiplicar, Jesús estableció un orden. Antes de la bendición grande, Dios organiza todos los aspectos de nuestra vida, hasta los más pequeños. La bendición de Dios no puede desatarse donde hay caos y desorden.

- El Espíritu de Dios siempre se mueve donde hay orden, pero nunca donde hay desorden. La tierra estaba desordenada y vacía, por tanto el Espíritu de Dios no se movía en ella, lo hacía sobre las aguas.

- Cuando la lámpara de Dios se enciende, el orden se torna inevitable, la limpieza se vuelve obligatoria, y todo lo que está perdido aparece. Antes de la bendición, siempre vendrá el orden y la limpieza.

- Dios no tiene un compromiso con aquello que creamos o que pensemos, sino con aquello que Él dice y Él piensa de nosotros.

- No existe multiplicación sin bendición, y no existe bendición sin multiplicación. Dios no suma, Dios no resta, Dios no divide, Dios multiplica. El deseo y la voluntad de Dios es siempre multiplicar.

CAPÍTULO **DIECISIETE**

EL HOMBRE

Y SUS CRISIS CON DIOS

Sobre todas las crisis que te he expuesto en este libro, existe una crisis aún mayor que la mayor de las crisis, y es la crisis de la eternidad. ¿Dónde pasarás tú la eternidad? Originalmente, esto no era un problema, pues el hombre fue creado a imagen y semejanza de Dios, y habitaba con Él y caminaba con Él. Pero un día Satanás vestido de serpiente, comenzó a sembrar confusión, dudas y tentación en las vidas de Adán y Eva, hasta que logró hacerlos pecar y por causa de ese pecado, ser expulsados del Huerto del Edén. A partir de ese momento, los años de vida y la calidad de vida de los seres humanos se fueron acortando y deteriorando hasta llegar al mundo que conocemos hoy.

CONSECUENCIAS DE LA CRISIS CON DIOS

La enfermedad, la pobreza, la miseria, la muerte, el dolor, el rechazo, el abandono, los asesinatos, las injusticias, han sido el resultado de estar en crisis con Dios. Jesucristo, el Hijo de Dios fue enviado para resolver esa crisis, para dar su propia vida en rescate de todos nosotros los que vivíamos en crisis y hacer que nuestros pecados fueran perdonados. Vino a darnos una segunda oportunidad para que vivamos una eternidad gloriosa con Él en cielo, pero también una vida de propósito sobrenatural aquí en la tierra.

DOS HISTORIAS CON FINALES MUY DISTINTOS

Esta es la historia de dos hombres con casi la misma edad, pero de dos mundos completamente opuestos. Ambos murieron en la misma ciudad del sur de México luego de una larga e incurable enfermedad y el mismo día. Uno, vivió una vida digna y exitosa. Tuvo un matrimonio ejemplar, sus cuatro hijos también alcanzaron una cuota de éxito, un muy buen pasar económico, y para los ojos de nuestra sociedad, tuvo todo lo que quiso y aún más. Murió rodeado del amor de sus seres queridos y alguien diría que se fue en paz. Sin embargo, poco tiempo antes de partir, una persona se acercó a hablarle por última vez, acerca de cómo resolver nuestra crisis con Dios entregándole el corazón a Jesús y aceptando el regalo de la vida eterna. Su respuesta fue: "No lo sé, voy a pensarlo". Pasó casi toda su vida "pensándolo", porque la oportunidad la tuvo cientos de veces y por medio de distintas personas.

Salvo que antes de morir haya aceptado el regalo de la vida eterna por medio de Jesucristo el Hijo de Dios, para ese hombre, el único cielo que habrá conocido, es aquí, la tierra, porque el resto de su eternidad es el infierno, el castigo eterno que jamás acabará. Aquí tuvo sus oportunidades y su última oportunidad. Y se fue, pero no en paz. La crisis más importante que tenía y podía resolver, no le interesó resolverla o no quiso resolverla. Quizá no encontró maldad suficiente en si mismo como para necesitar arrepentirse. Como muchos, habrá pensado, "no maté a nadie", "nunca robé", "no soy tan malo después de todo". Lamentablemente ahora es tarde.

La historia del segundo hombre es sumamente triste y trágica pero con un final felíz. Creció sin padre y fue abandonado por su madre a los seis años. Pasó su infancia vagando entre potreros, estancias, galpones, bares y todo tipo de lugares de mala muerte, soportando toda clase de abusos y maltratos por tan solo un plato de comida. Creció completamente indefenso frente al peligro, el abuso y el dolor. No pudo ir a la escuela, así que pasó toda su vida sin saber leer y escribir con las consecuencias económicas que eso implica. Fue alcohólico desde niño y el día en que se casó y tuvo hijos, reprodujo de la peor manera lo vivido en su infancia. El abuso, la violencia y el dolor marcaron su hogar y la vida de sus hijos. Un hogar destruid, una vida completamente desperdiciada.

Ya estando gravemente enfermo, y pocos años antes de morir, escuchó el mensaje del Evangelio y decidió no rechazar la esperanza que se abría frente a Él. Pudo pedir perdón, y perdonarse. Bendijo a todos sus hijos, aun a los que más había herido en la vida. De su boca salieron palabras de vida y no de muerte. A pesar de que su vida fue un infierno, esta tierra habrá sido el único y último infierno que habrá conocido. Su eternidad en el cielo está garantizada por la sangre de Jesús.

A diferencia del primer hombre, este sí tenía mucho de que arrepentirse, e hizo lo correcto. No tenía nada que perder sino todo lo contrario. Más de la mitad de sus hijos hoy sirven a Dios en el ministerio, y si bien el no fue ni un gran predicador, ni un gran ministro, Dios escogió su simiente para multiplicar en él una generación santa de hombres y mujeres.

HAY UN CAMINO DE SALVACIÓN

El código de acceso para comenzar a resolver esta crisis con Dios, es arrepintiéndote de todos tus pecados, y los pecados de tus antepasados. Pidiendo perdón, aceptando su perdón, y perdonándote a ti mismo por tus propios errores y tus propias malas decisiones.

Todos hemos pecado. A muchas personas les he oído decir: "Pero yo nunca maté a nadie" o "nunca robé", pero que no hayas asesinado o robado, no te hace más o menos pecador que aquel que sí lo hizo. La mayor hipocresía es haber pecado, y juzgar a otros por su pecado, siendo que todos hemos pecado. Esa es la verdad. Sin embargo, no existe pecado grande ni pequeño que no pueda Dios perdonar, así como tampoco existe pecado grande o pequeño que no nos separe de Dios. El arrepentimiento y la sangre de Jesús son la única solución para resolver esta crisis con Dios. Por tanto, es a través de creer con el corazón y confesar con nuestra boca que Jesús es el Hijo de Dios, y que no existe otra salvación ni otro camino fuera de Él, que somos recibidos por Dios como hijos de Él y tenemos salvación. La crisis del hombre con Dios, fue tan grande, que solamente Dios tomando forma de hombre, podía resolverla. Esa es la crisis más importante que todos debemos resolver: arrepentirnos de nuestros pecados, de nuestras malas decisiones y volvernos a Dios de todo corazón, aceptando que Jesucristo pagó el precio necesario con su sacrificio, para resolver el gran problema que existía entre nosotros y Dios y que nos separaba de nuestro Padre.

UN REGALO QUE CAMBIARÁ TU HISTORIA

Te invito hoy a recibir el regalo de la vida eterna y la salvación en Jesucristo, por medio de esta sencilla oración:

"Padre celestial, hoy confieso con mi boca que Jesucristo es el Señor y desde ahora mi Señor y mi Salvador. Me arrepiento de todos los pecados de mi vida y de mis antepasados. Renuncio a toda idolatría, a toda brujería, a toda hechicería y a todo pensamiento que me aleja de Dios. Asumo mi identidad como un verdadero Hijo/a de Dios, y declaro para siempre que mi alma, mi vida y todo mi ser pertenecen a Jesús. Hoy resuelvo con esta oración para siempre, la crisis más importante que es la que me separaba de Dios. En el Nombre de Jesús, ¡Amén!"

RESUMEN DEL CAPÍTULO DIECISIETE

- El código de acceso para comenzar a resolver esta crisis con Dios, es arrepintiéndote de todos tus pecados, y los pecados de tus antepasados.

- Sin embargo, no existe pecado grande ni pequeño que no pueda Dios perdonar, así como tampoco existe pecado grande o pequeño que no nos separe de Dios.

- El arrepentimiento y la sangre de Jesús son la única solución para resolver esta crisis con Dios.

- Jesucristo pagó el precio necesario con su sacrificio, para resolver el gran problema que existía entre nosotros y Dios y que nos separaba de nuestro Padre.

ACERCA DEL **AUTOR**

Gonzalo Domínguez Pacaluk, nació en Montevideo, República Oriental del Uruguay y es papá de Emanuel Gonzalo de siete años. Vivió su infancia y juventud en Paraguay, y luego estudió en los Estados Unidos.

Es Doctor en Psicología Familiar, Máster en Psicología y Consejería y reconocido conferencista internacional. Es un destacado escritor y autor de varios manuales y cinco libros hasta la fecha: Fe 4.0 y la serie de devocionales "120 Decretos del Rey que cambiarán tu vida".

En los últimos doce años ha servido como pastor, profeta y evangelista y ha ministrado en veinticinco naciones en Las Américas, Europa y África Central, impactando a miles de personas de todas las edades a través de sus enseñanzas, la predicación del Evangelio y el poder de Dios manifestado en milagros, liberaciones y transformación por el Espíritu Santo en cruzadas de milagros, conferencias, congresos y servicios alrededor del mundo.

Cursó estudios bíblicos en el Seminario Teológico de la Iglesia de Dios, y posteriormente fundó la Iglesia Casa del Alfarero Internacional en Ciudad del Este, Paraguay, de la cual fue pastor principal hasta durante seis años.

Es hijo espiritual y ministro ordenado por el Apóstol Guillermo Maldonado, pastor del Ministerio Internacional "El Rey Jesús" en Miami, Florida.

BIBLIOGRAFÍA

(1)   http://definicion.de/crisis/
        (Accesado el 30 de Octubre de 2013)
(2)   http://whartonjournal.com/2013/11/19/the-crisis-the-
        opportunity/
        (Accesado el 30 de Octubre de 2013)
(3)   http://exportandofranquicias.wordpress.com/2011/1 2/14/la-pizza-
        barata-argentina-llega-a-la-espana-dela-crisis/
(4)   http://www.youtube.com/watch?v=As636aud0A8   (Accesado   el
        08 de Noviembre de 2013)
(5)   http://www.tipsforsuccess.org/fish-challenge.htm   Accesado el
        01 de Diciembre de 2013
(6)   Watchman Nee, *El hombre espiritual*, Pag. 195
        Editorial Clie. 2008
(7)   Watchman Nee, *El hombre espiritual*, Pag. 196
        Editorial Clie. 2008
(8)   Ruben Arroyo, El conocimiento revelado, Pag. 149.   Editorial
        Xulon Press. 2012
(9)   Watchman Nee, *El hombre espiritual*, Pag. 198
        Editorial Clie. 2008
(10 – 15)   Mayúsculas y negritas agregadas por el autor para
        resaltar y dar énfasis al concepto bajo la   regla de "prerrogativa
        del autor".
(16)   Ruben Arroyo, El conocimiento revelado, Pag. 74.   Editorial
        Xulon Press. 2012
(17)   http://www.portalesmedicos.com/publicaciones/article
        s/2219/5/Historia-de-la-circuncision-y-su-tendencia- en-   las-
        diferentes-culturas-de-la-humanidad
(18)   http://www.13.cl/t13/tecnologia/asi-es-el-cine-6d